PASSION OF THE WORLD ONE

ワールド・ワンの情熱

6次産業化で郷土を活性化し、日本を元気にする～

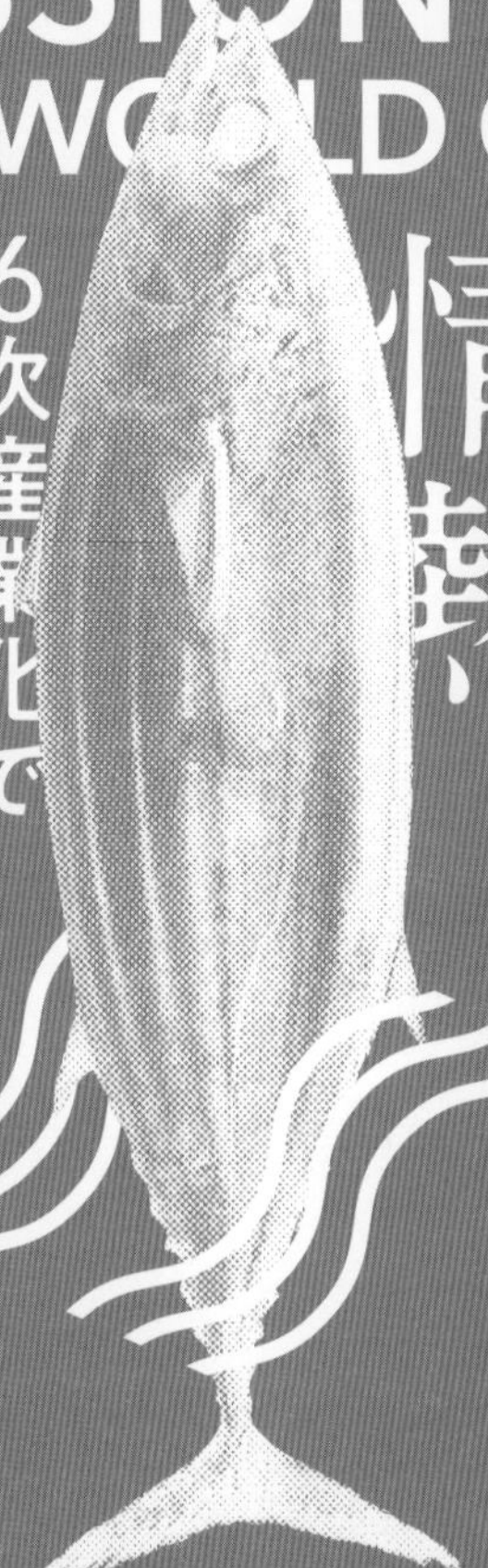

ワールド・ワン「+郷土」推進委員会　編著

Introduction

はじめに

郷土とともに歩む企業——株式会社ワールド・ワンをひとことで表現すると、このようになる。

本社は神戸市にあるが、兵庫県内の各地域をはじめ、沖縄、高知の土佐清水市、および幡《は》多《た》地域、隠岐の島と鳥取、島根の山陰地方、そして青森、熊本とも極めて緊密な関係にある。

具体的には、行政との連携をはじめ、地元の銀行、農協、漁協、商工団体などの前向きな協力も得て、比較的小規模な生産者、事業者とダイレクトに交渉し、それぞれの地域に特化した旬の食材、特産品、酒類などの調達を自力でおこなう。これらを神戸、東京、大阪、高知で展開している直営の郷土料理の店で提供、販売する。

いわば、商社機能を持った飲食店グループであるが、他の飲食業と決定的に異なるのは、商社機能を先行させることで、店舗数を増やしてきたことだ。つまり、「郷土」にこだわった食材の供給ルートを開拓し、この供給量に応じて店をオープンさせる。

それだけではない。すでにパートナー関係にある青森の生産者から食材を調達し、沖縄の飲食業者へ卸販売をはじめるなど、さらに商社機能を強化した。二〇一八年十二月末現在の店舗数は二十五店舗だが、食材の供給先は前述した地域以外の全国各地に着実に広がっており、今後、毎年数店舗ずつ新店のオープンが見込まれている。

そして、郷土とともに歩む姿勢をより鮮明に打ち出していくために、地域限定型の通販事業の拡充にも意欲的に取り組みつつある。

また、郷土の生産者や行政の取り組み、郷土料理や食文化を紹介する郷土マガジンの発行、生産者と消費者とのさらなる関係強化をはかっていく方針だ。

すでにワールド・ワンのお客さまに、郷土のグルメと観光、文化や生産者とのふれ合いまでを盛り込んだ体験型のツアーを実施しているが、これを参加者のニーズに合わせて細分化し、生産や収穫の体験ツアー、これから農業、漁業をはじめたい人に向けた「生産者育成塾」のようなプランも検討している。

「商社機能」プラス「郷土料理の店」プラス「企画提案型の新規事業」、これらのすべてを郷土の活性化に集約させ、日本のふるさとを元気にするとともに食文化にも一石を投じる。これがワールド・ワンの歩もうとしている前人未踏のビジネス・フィールドである。

何もかもが新しく、さまざまな面で同業他社とは一味違う——このためには、常に現在進行形。昨日と今日、今日と明日はどこかで変化している。そして、そんな変化が実感できる企業を目指す。

これを実現できるのは人のパワー以外にない。一人では高い壁であっても仲間と協力し合えば、きっと乗り越えることができる。

ワールド・ワンは、これまでいくつもの困難を乗り越えてきた。そこにはいつも後押ししてくれる仲間の姿があった。

大きな夢が描けて、失敗を恐れずチャレンジできる人。ワールド・ワンはこんな仲間を温かく迎えたいと思っている。

ワールド・ワン「十郷土」推進委員会

Chapter
2

郷土を活性化するためのビジネスモデル

Local regeneration through diversification

Bridge between producer and consumer

Things born from person-to-person contact

Passion of
The World One

Chapter 1

道のないところへ
自力で道を
切り開く

Starting
from Okinawa

動機づけの強さが不可能も可能にする

沖縄の魅力のすべてを地元・神戸の人たちに伝えたい

沖縄の人たちがよく使う方言は、すっかり耳に馴染んでしまっている。「沖縄料理の第一号店をオープンするための準備に取り組む二年足らずの間に、何度足を運んだことだろう」と指を折ってみると、とっくに両手では足りなくなっていた。

思い起こしてみると、社会人になって間もなく、初めて訪れた沖縄の風土、文化、料理とお酒などに魅了され、プライベートな旅行でも、訪れる回数が自然に増えていった。

二十七歳のときから五年間、プロレスラーとしてリングにあがっていたが、沖縄に行くことになると、傍目にわかるほどテンションが高くなった。そのため自主トレーニングやリハビリをする場所も、迷わず選んだのが沖縄だった。

海や空の色だけではなく、太陽のまぶしさまでが生まれ育った神戸とはまるで違う。市街地から少し離れると、緑豊かな原色の風景が広がり、心をいやしてくれる。

こうした自然に育まれた魚介類、野菜などを使った料理、沖縄ならではの豚肉料理、トロピカルフルーツも思わず笑みがこぼれるほど美味しく感じられた。

一方で、情が深く、相手への気づかい、思いやりを忘れない沖縄の人たちとのつながりも深くした。

沖縄の魅力をあますところなく地元・神戸の人たちに伝えたい――。

株式会社ワールド・ワン代表取締役社長 河野圭一は、そんな思いを日増しに強くしていった。

二〇〇〇年七月、二十世紀最後のサミット（主要国首脳会議）が沖縄で開催された。

河野は、ちょうどその頃、沖縄の魅力を伝える手はじめとして神戸に沖縄料理の店をオープンする決意を固め、そのための本格的な準備に着手した。同時に、レスラーを

河野の夢は発展途上だ

Photo：清水 茂

引退する日も、そう遠くはないと考えるようになった。

「当時は、沖縄の料理店のことしか頭にありませんでした。強い思慕の念をめぐらせていると、体中が熱くなって、寝つけない夜を過ごすこともしばしばでした」と河野は当時のことを振りかえる。

しかし、周囲の反応は芳しくなかった。銀行の担当者、友人、知人に今回の決意を熱っぽく語っても誰一人として賛同者はいない。

「神戸に沖縄料理の店がないに等しいのは、もともとニーズがないからだ。考え直したほうがいい」とか、「河野は、沖縄料理が旨いというが、俺にはそんなイメージはない。本当にお客さんが来ると思っているのか」などなど、苦言というよりは酷評そのものだった。

これぐらいのことで、河野の決断は揺らがなかった。それどころか、持ち前の負けん気が頭をもたげてくる。反対されればされるほど、「一度決めたことを、そう簡単には撤回できない。当然、やるからには失敗もできない」と、ますます前のめりになり、一号店オープンのための準備に一層熱がこもるようになっていった。

食材の調達ルートづくりに奔走する

沖縄料理の店をオープンさせるためには、食材を確保する必要がある。ところが、神戸はもちろん、大阪でも調達先がなかなか見つからないのだ。ようやく探しあてても、値段が現地の数倍以上。これでは料金が高くなりすぎて、お客さまに来店してもらえるはずがない。

せめて現地並みの料金で、お客さまに沖縄料理を堪能してもらおうと思えば、自力で供給先を開拓していくしか道は残されていない。

当時は、ネットの情報も皆無の状態だったため、現地の電話帳を手に入れ、生産者や食材を扱う事業者に、片っ端から電話をかけて取引を打診していった。だが、最初のうちはなかなか相手にしてもらえず、色よい返事は返ってこなかった。

「いきなり見ず知らずの人から、そんなことをいわれても売るものはないよ」

「そこを何とかお願いできないでしょうか」

「ほかをあたってみたら、ウチは無理だね」

こんなやりとりが幾度となく繰り返された。くじけそうになりかけたこともあったが、沖縄に対する河野の情熱、思い入れに変わりはなかった。「せめて一度会って、もう少し詳しい話を聞いていただけませんか」と平身低頭で頼み込み、応じてもらったというよりは、根負けした生産者が二人、三人になると、飛ぶように沖縄へ向かう。

そして、前に断られた生産者にも再度訪問をする。こんな日々がしばらく続いた。空振りに終わることのほうがはるかに多かったが、やがて、「あんたの熱意には脱帽した。売ってあげよう」と、食材の調達先が少しずつ増えてくるようになった。

その後、現地にスタッフを駐在させて、提供された食材を一か所に集め、それを空輸して神戸まで運んでくるという仕組みを整えた。つまり、規模は小さいながらも、産地と直結した調達と物流のルートが完成したのである。

これをきっかけに、河野は二〇〇一年十一月にプロレスラーを引退し、一号店のオープンに向けて脇目もふらずに突き進んでいった。そして、翌〇二年二月に『ｍｏｄｅｒｎ食堂　金魚本店』（現在の沖縄料理 金魚本店）のオープンにこぎつけた。

空前の沖縄ブームが追い風に

前述した「二〇〇〇年サミット」で、沖縄は世界中から注視を浴びた。加えて、〇一年四月からNHKで放映された朝の連続テレビ小説『ちゅらさん』の視聴率がうなぎのぼりで、沖縄ブームの大きな引き金となった。

いうまでもなく、このドラマの主な舞台は沖縄で、半年間にわたる放映後も、衛星放送やケーブルテレビで再放送、再々放送されたほか、三作の続編までつくられるほどの大人気番組となった。それだけではなく、折からの健康ブームが沖縄ブームにさらなる拍車をかけた。

沖縄特産のゴーヤ、豚肉、シークワーサー、ウコン、黒糖などが健康食品、あるいは健康食の材料、調味料として、マスコミで繰り返し取りあげられるようになったのだ。また、それまで県外ではほとんど飲まれることのなかった泡盛も、首都圏を中心に全国各地でブレイクし、消費量が大幅に伸びた。

これらが見事なまでに重なり合って相乗効果を生み出し、空前の沖縄ブームが到来

河野が惚れ込んだ沖縄料理

するのだが、このブームはしばらく収まる気配を見せなかった。

「運もよかったんでしょうね。一号店のオープンが、沖縄ブームに火がついた直後という、これ以上ないぐらいの絶妙なタイミングになりました。神戸にめぼしい沖縄料理の店がなかったこと、オープンと前後して情報誌、テレビでも大きく取りあげてもらったことなどが幸いし、初日から大盛況、約九十席の店内は終日満席状態でした。それからしばらくは、週末や時間帯によって、行列ができるほどお客さまがいらっしゃいました」

この河野の言葉を裏づけるように、一号店のオープンからほぼ半年後に二号店を、

新鮮な地元の食材を使ったメニューが並ぶ

さらにその一年後に三号店を相次いで出店した。

だからといって、一般にいわれるチェーン店化を進めたわけではない。

一号店は完全な沖縄料理の店だが、二号店では沖縄料理のエッセンスを随所に取り入れたオリジナルメニューをメインにした。三号店では、沖縄料理は定番メニューだけに絞り込み、神戸や関西のスーパーなどでは、まず手に入らない地方の珍しい食材を使った料理を、期間限定や当日限りで提供するといったように、それぞれの店に個性を持たせたのだ。

二号店をオープンしたほぼ半年後の二〇〇三年三月、それまでの有限会社ケーワン・クリエイトから株式会社ワールド・ワンに改組して心機一転、新たなる第一歩を力強く踏み出したのであった。

A phone call turns into a turning point

フットワークこそがビジネスの幅を広げる

新しい食材を求めて地方行脚をスタート

二号店をオープンさせた頃、「沖縄だけでなく、日本全国の郷土には埋もれた食材がもっとあるに違いない」

そうした思いを強くした河野は、持ち前の好奇心、地方の活力を引き出したいという思いに熱くなった。そして、レスラー時代に全国を回っていたときの記憶をもとに、スタッフを伴い、新しい食材を求めて地方を行脚するようになった。

農村、漁村のなつかしい風景は、以前と変わりなく、のどかで美しかった。だが、わずか数年ぐらいの間にも、過疎化や高齢化が急速に進んでいる様子が実感できた。こうした美しい風景は、日本人にとってのふるさとでもあるが、このままではいずれ失われていくだろう。

「郷土の活性化は決して他人事ではないはずだ。いまの自分には、まだ力はないが、信じた道を真っすぐに進んでいけば、多少の貢献はできるに違いない」

ほとんど人も車も行き交うことのない窓の外の景色をながめながら、河野は使命感すら感じるようになっていた。

小さな漁港や農道の近くに車を停めて、「私は神戸で沖縄料理の店を経営しているのですが、引き続いて、関西ではあまり馴染みのない食材を使った郷土料理の店を出したいと考えています。以前、このあたりに来たとき、美味しい料理を食べたことを思い出して訪ねてきました」と、地元の人に声をかけ、店の写真やメニューを見せて話を聞いてもらう。

今回は、沖縄のときよりも、かなりスムーズに事が進んだ。

何よりも、一号店、二号店の存在。そして、手がかりとなる情報を得ると、直接その生産者に会い、収穫量に応じた無理のない出荷をお願いしたことも功を奏した。

「それなら、ウチよりも〇〇さんのほうが適任だろう」と紹介されて、とんとん拍子で契約に結びついたケースもいくつかあった。こうして確保した食材を、三号店のメニューづくりに反映させた。

そののちも、沖縄をメインに、神戸から遠く離れたローカル色の強い地方の食材や地酒、焼酎などをメニューに加えた料理店、居酒屋などをオープンした。

一方で、特定の地域というよりは自分たちの舌で確かめて厳選した、各地の食材を使い、タレやソース、出汁《だし》にこだわった焼肉、炭焼き、鉄板焼、串カツ、バーベキュー、肉そばなどの専門店を、毎年一店舗から三店舗のペースで出店し続けた。

ほかにも、新しい業態開発の一環として、二〇一一年七月にバルをオープンした。ここでは、「ワインを飲みながら、手ごろな料金で沖縄料理を楽しんでみませんか」というユニークな提案を試みた。

バルというのは、アメリカではバー、イギリスではパブにあたる、スペイン、イタリアでは気軽に利用できる大衆的な居酒屋のこと。バーやパブでは食事を出さないのが普通だが、バルは食堂や喫茶店も兼ねている。ワールド・ワンが出店したバルは、沖縄料理をメインにした。

新しくオープンさせた店のなかには、アンテナショップ（顧客ニーズの動向を探るための実験的な店舗）的な機能を持たせた店もあり、ここで得たお客さまの反応を細かく分析し、調達した食材の入荷量なども考慮に入れて、前向きなスクラップ・アンド・ビルドを繰り返した。

さらに、新店のオープンだけに限定せず、二〇〇九年十二月に通販サイト（現在の「プラス郷土」）を立ち上げた。琉球島豚の超高級ブランド「あぐー豚」を使った餃子やソーセージ、高級豚肉の生産者と出会えたことが発端だったが、これをきっかけに、食材、食品の販売と流通にも力を注ぐようになったのである。

一本の電話が運命的な出会いに発展

スタッフと協力して、既存店の運営やリニューアル、新店のコンセプトづくりとその開店準備。新しい食材を探し求める地方行脚などの合間をぬって、社員、アルバイト従業員の採用や研修。メディア向けの広報活動、各店のリーフレットやちらしづくりのほか、店から「忙しい」という連絡が入ると、その接客応援まで、河野は多忙な

SHIMANTO CITY
KUROSHIO TOWN
SUKUMO CITY
Shimanto River
MIHARA VILLAGE
Ashizuri Mis
OTSUKI TOWN
TOSASHIMIZU CITY
Ashizuri
Lightho

毎日を送っていた。

二〇一〇年十一月、そんな彼のもとにワールド・ワンにとっては一大転機となる一本の電話が入った。

「偶然セミナーで出会ったコンサルタントの先生から、地方の食材に特化したメニューを提供するお店を展開する会社が神戸にあると聞き、御社のことを知りました。私の郷土・土佐清水には、何とかして郷土の活性化をはかり、元気を取り戻したいと頑張っている若手の生産者グループもあります。彼らと一緒にご提案したいことがあるので、一度、土佐清水までご足労いただけませんか」

この電話の主が、当時、土佐清水商工会議所で経営指導員として勤務していた竹田真だった。

そののちも頻繁に電話でのやりとりをおこない、スケジュールを調整して、一二年一月に河野は車で八時間かけて土佐清水を初訪問した。

土佐清水市は東西に長い高知県の西部に位置しているが、鉄道や高速道路は通じておらず、高知空港から車で約三時間はかかる。このため東京から時間的に最も遠い町の一つといわれる。別の表現をすると典型的な過疎地だ。

市内にある四国の最南端・足摺岬《あしずりみさき》は、太平洋の荒波がつくりだした深く入り組んだ海岸線と太平洋が一望できる景勝地で、観光の名所でもある。

四国の沖合いは黒潮が流れ、地元では「魚《うお》の道」と呼ばれるが、足摺半島の西の岬に黒潮がぶつかるため、魚種、収穫量ともに豊富で、水産業の盛んな高知県のなかでも「さかなのまち」として知られている。

とりわけ、ここで水揚げされる「清水さば」の味は絶品。主な出荷先は高知市だが、東京では大分県の豊予《ほうよ》海峡で獲れる「関《せき》さば」と並ぶ有名ブランドで、高級料亭、割烹などから引っ張りだこになっている。

土佐料理を代表する「かつおのたたき」は、稲の藁《わら》を使ってかつおの表面をあぶるのが伝統的なつくり方で、この「藁焼き」は土佐清水が発祥の地だといわれる。かつおだけではなく、ぶりやはまち、鶏肉なども藁焼きにする。

また、深いコクと芳醇な香りで、「一度これで出汁をとると、ほかのかつお節は使えない」と料理のプロから絶賛されている「宗田《そうだ》節」は、土佐清水が日本一の生産量を誇っている。

これまで積み重ねてきたことが評価され、オファーがくるようになったのだ。

1.かつおの藁焼き 2.清水さば姿つくり 3.四万十鶏の藁焼き

現地で出された料理はすべて満足できるものばかりだったし、清水さばを姿寿司にしたり、かつおの藁焼きをゆず酢だけで食べるなど、土佐清水独特の食べ方もある。

「土佐清水の活性化に貢献できるだけではなく、食材の供給元として、これほどぴったりなところはないのではないか」

こう直感した河野は、初訪問した翌月の二月にいくつかの既存店で「土佐清水フェア」を開催した。

来店されたお客さまからの味への評価はいうまでもなかったが、「土佐清水は、高知県のどのあたりにあるんですか」といった質問を受けるなど、予想をはるかに上回る好感触を得たことで、直感は確信へと変わっていった。

東京、高知、大阪への進出

土佐清水フェアには、竹田をはじめ、生産者や事業者のグループに加え、商工会議所のメンバーも、わざわざ駆けつけてくれた。

「生産者も事業者も自分たちの出荷した食材が、消費地でどのように調理され、提供されているのか、現場を見る機会がありません。そこで有志を募って神戸へ向かいました。フェアで提供された料理は、地元で口にする素朴なものとは別物のような印象を受けました。食材の持ち味をフルに活かすために、さまざまな工夫、アレンジがほどこされ、こんな調理の仕方、食べ方もあるんだと、全員が驚きの連続でした」

こう振り返る竹田は、「神戸から帰る道中は、目のあたりにした刺激的な出来事の話で盛りあがり、長旅にもかかわらず、寝てしまうような人は一人もいませんでした」と続ける。

二〇一二年八月、河野は再び土佐清水を訪れて、夏から秋にかけての食材に関する説明を受け、翌九月に二回目の土佐清水フェアを開催した。

その後も、定期的に神戸から土佐清水へ、土佐清水から神戸へという人的交流と情報交換を重ね、コミュニケーションを密にすると同時に、第一号店オープンに向けての入念な準備にも取り組んでいった。

一五年五月、土佐清水市と連携協定を結んで、行政との関係を強化した。そして、翌六月に「土佐清水ワールド」一号店を、その三か月後には二号店をオープンした。

土佐清水市との連携協定を結ぶ

いずれも、開店前からお客さまの長い列ができるという盛況ぶりであった。

以後の出店も順調で、一七年七月に「土佐清水ワールド 東京・上野店」をオープンして念願の東京進出を果たした。引き続き、同年九月に「土佐清水ワールド 幡多《はた》バル・高知本店」を、一八年十一月には「土佐清水ワールド 大阪・お初天神店」をオープンして、ワールド・ワンは神戸以外にも拠点を拡大した。

店内では土佐の名産の販売もおこなわれている

「これぐらいのことで満足はできない。日本にはまだ埋もれかけている料理や食材がある。ワールド・ワンが地道にこれらを発掘していけば、お客さまにも、生産者にも、もっと喜んでもらえるはずだ」

ここへきて河野には、自分が歩もうとしている「郷土活性化への貢献」が認知されつつあることをしっかりと感じ取れるようになってきたようだった。

郷土をもっと元気にしたい

土佐清水ワールドは二〇一八年十二月末現在、神戸に四店舗、東京に二店舗、大阪に一店舗の計七店舗。さらには、同店の姉妹店の位置づけにある「幡多バル」を、神戸、高知、東京に各一店舗ずつ出店している。

ちなみに、幡多というのは、四万十市、宿毛市、黒潮町、大月町、三原村に土佐清水市を加えた四国西南部の地域の総称で、海の幸と山の幸に恵まれた大自然と共生する人たちが多数暮らしている。なお、先に登場した竹田は、二〇一六年に商工会議所を辞し、ワールド・ワンに入社して郷土活性化組合のプロジェクトリーダー（現在は取締役）に就任。月の半分は土佐清水で、残りの半分は神戸で勤務し、郷土とワールド・ワンとの橋渡し役という大任を担うようになった。

「河野社長のビジョンに共感したのが一番の理由ですが、地元の商工会議所よりも、もう少し大局観を持って郷土発展の役に立てそうだと考えて転職しました。入社して痛感したのは、田舎と比べて物事の決まるスピードが数段速いことです。一号店のオープンから、三年半で土佐清水ワールドは姉妹店を含めて十店舗になっています。

いま地元では、みんなで土佐清水ワールドを盛りあげていこうという機運がどんどん高まっています。この勢いをどう具現化していくのかがこれからのテーマですが、そのためには地域の自治体、行政、金融機関、商工団体、生産者や加工事業者とのパイプをより太くしていく必要があります。これを新しいタイアップビジネスにつなげて郷土をもっともっと元気にしたいですね」

と話す竹田。地域や生産者、事業者の実情を熟知した竹田への期待はますます大きくなっていく。

What is a system
that is pleasing?

パートナーの目線から「継続」は生まれる

お客さまの声を新しい食材の発掘に反映させる

土佐清水ワールドが順調に出店数を伸ばすなか、新しい食材を探し求めるための地方行脚は「生産者ツアー」とネーミングして、内容、頻度ともにさらに充実させている。

その詳細は後述するが、全国各地を行脚して、新しい食材を探し当てると、間髪を容れずに既存店でフェアを開催する。これが従来の流れだったが、ここに新たな動きが加わってきた。

フェアの開催を知って来店された地方出身のお客さまから、「私のふるさとには、こんな珍しい食材や料理がある」とか、常連のお客さまからは、「以前、旅行したときに食べた料理の味が忘れられない。この店のメニューに加えてもらえないか」といった声がいくつも寄せられるようになってきたのだ。

生産地からのオファーのみならず、お客さまからの要望、提案が集まってくるようになるなど、手ごたえの大きさが実感できる段階に入ったのである。

「お客さまの声に素直に耳を傾け、新しい食材を発掘して、それを別のより多くのお客さまに紹介することで、お客さまにも、生産者や事業者にも喜んでもらえる。これは想像していた以上にやりがいがありそうだ」と、河野の胸は躍った。

現地を訪問する際も、かつてのように、生産者、事業者に直接アプローチするのではなく、前もってネットなどでリサーチをおこなったうえで、自治体、行政、漁協、農協、商工団体などに連絡を入れ、生産者、事業者をリストアップしてもらうなど、より詳細な情報を収集する。それを社内で検討し、ある程度まで方向性を決めてから現地へ向かうというシステマチックなアクションが起こせるようになってきた。

これが、二〇一七年四月の「青森ねぶたワールド」第一号店のオープンに結びついていく。

沖縄料理の一号店のオープンから十五年の歳月を要したが、ようやくワールド・ワンは会社としての基盤固めができあがったのだった。

被災地支援の「フェア」を開催

ワールド・ワンが展開する各店では、不定期だが頻繁に「フェア」を開催する。一例をあげると、、一八年十一月一日から丸二か月間、既存の全店で開催した「北海道・厚真《あつま》町フェア」があった。

このフェアでは、網焼き、鉄板焼きのジンギスカンを筆頭に、新じゃがバター、原木しいたけのあぶり焼き、鶏肉の唐揚げなど、厚真町自慢の食材を使ったメニューを提供した。同時に、一部の店で厚真町から直

1.明るいスタッフ　2.青森ねぶたワールドの店内

送された食材、特産品の直売会も実施したのだが、このフェア開催の背景には、次のようなエピソードがあった。

一八年二月、生産者ツアーの一環で河野は初めて厚真町を訪問し、多数の生産者と交流をはかった。そして、四月から七月までの期間限定で「ひつじ小屋」という店をオープンした。

やわらかくて上質の羊肉を国産のりんご、玉ねぎ、生姜などを使ったタレに漬けこむことで羊肉独特の臭みをなくしたことも手伝って、お客さまの大好評を博した。

そのわずか二か月後の九月、北海道胆振《いぶり》東部地震が発生した。

震源地に最も近かった厚真町は、北海道では前例のない最大震度7という強烈な揺れに見舞われ、甚大な被害を出した。二月に面談したときには、終始笑顔の絶えなかった厚真町長が、憔悴しきった表情で記者会見に応じる姿が、何度もテレビで映し出された。

一九九五年一月の阪神・淡路大震災で、ほぼ経営を任せられていた二店のカラオケバーが入居していたテナントビルが全壊し、途方に暮れた経験を持つ河野には、とても他人事とは思えなかった。

1.メイン料理はジンギスカン 2.店内は人でいっぱい
3.北海道・厚真町フェアのリーフレット

1

2

3

居ても立ってもいられなくなり、社内でカンパを募り、翌十月に復旧に取りかかったばかりの厚真町を訪問し、やっとの思いで生産を再開させていた一部の生産者と再会を果たした。「力を合わせて、この逆境に立ち向かおう」と話がまとまり、実現したのが、北海道・厚真町フェアだったのである。

これは、震災という緊急事態がきっかけとなった例だが、自然が相手の農業、漁業には、常に想定外がつきまとう。近年頻発している地震、台風、ゲリラ豪雨の被害を受けることもあれば、異常気象によって収穫量が激減する場合もある。反対に、天候に恵まれると、収穫時期が早くなったり、豊作、大漁に結びついたりといったことも珍しくない。

ワールド・ワンのように、限られた地域の厳選した食材だけを扱おうとすると、こうした影響をモロに受けやすくなる。

だが、店の都合に合わせた調達をすると、いずれ生産者との信頼関係は崩れてしまう。なぜなら、必要なときには生産者に無理な発注をするが、必要がなくなると発注量を減らしたり、取引そのものをやめてしまう。店を中心に考えると、このような結果を招きやすい。

そうではなくて、生産者の収穫ペースに合わせようとすれば、レギュラーメニューよりもイレギュラーメニューにウエートを置く。つまり、契約を結んだ生産者、事業者の収穫量に応じて柔軟にメニューをつくり、期間を決めてお客さまに提供する。これを実現させるために知恵を絞ったのが「フェア」の開催で、新店オープンに向けたデモンストレーションとしても有効に機能している。

消費者は共通するお客さま

「ワールド・ワンを決してお客だとは思わないでください。みなさんとワールド・ワンに共通するお客さまは消費者です」

初対面の生産者、事業者に河野は、まずこのように訴える。きれいごとをいっているわけではない。地方の商店街にシャッターをおろした店が目立っているように、農業、漁業に従事している人たちや加工業者のなかにも、廃業を余儀なくされるところが増えている。

ワールド・ワンと取引関係があるのは、小規模な生産者、事業者が大半で、ともに力を合わせて郷土を盛りあげるとともに、農業、漁業をより魅力あるものにすることで、微力ではあるが後継者づくりもサポートしていきたいと考えている。

では、比較的小規模な生産者が、もっと元気になるためにはどういった環境を整えていかなければならないのだろうか。

第一に、生産者が価格決定権を握れるようにすることだ。

売り手と買い手は対等の立場というのが本来の姿だが、日本の場合は、農作物、水産物の流通経路が複雑で、この流通業者が価格決定権を握っていることが多い。これでは元気になるどころか、流通業者に振りまわされてしまいがちだ。

第二は、最終消費者の声が生産者のもとへストレートに伝わるようにすることだ。つまり、自分たちのつくった生産物が、お店でどのように調理され、どのように盛りつけされてお客さまに提供されているのか。そして、それを食べたお客さまはどんな感想や印象を持ったのか。これらがわかってくると、日々の仕事の大きな励みにつながっていくのだ。

前者の価格については、事前に生産者と入念な協議をおこない、両者が納得する価格を決定するが、できる限り生産者の意向に沿ってというのが、ワールド・ワンの方針になっている。後者の最終消費者の声については、各店でお客さまにお願いしているアンケートのなかに、生産者や食材に関連するものがあれば、ただちにフィードバックする。これ以外にも、調達先の関係者には、店やフェアに来てもらえる機会をできるだけ設けるようにしている。

そのエピソードとして、土佐清水ワールドへ招待した、ある高齢の女性生産者が、自分のつくった食材が料理になり、写真入りでメニューに載っているのを見て、感激して涙を流されたことがあった。そこまで喜んでもらえたのならとメニューを差しあげると、「私の一番の宝物にしたい」と、何度もお礼をいわれ、店をあとにされたことが、いまも河野には印象深く残っている。

一過性のブームに惑わされない

もう一つ、河野には事業を継続させていくうえでの明確な哲学がある。それが、「一過性のブームに惑わされない」ということだ。

たしかに、ワールド・ワンは空前の沖縄ブームの追い風に乗り、快調なスタートダッシュを切った。だが、ブームはいつまでも続かず、いずれ下火になる。そのときに割を食うのは、いつも規模の小さな生産者や事業者だ。

ブームが過熱してくると、需要に供給が追いつかなくなり、価格が高騰する。食材を扱う大手企業は少しでもコストを抑えようと、個人の生産者に対しても、出荷量を増やすように促す。価格が上昇したので、生産者は多少無理をしても、これに応えようとする。だが、ブームが去ると余剰生産物を抱えた生産者だけが取り残される。

沖縄で、このような現実を目のあたりにした河野は、「自分たちが大手企業と同じようなことをすれば、生産者と一緒にとも倒れになってしまう。生産者とワールド・ワンは、単なる売り手と買い手の関係ではなく、強い絆で結ばれたパートナーでなければならない」と考えるようになっていった。

ブームに惑わされたり、ブームを追いかけたりはしない。これまでどおり、地道に、地方との連携を深めて、共存共栄の関係を築いていくことが肝要となる。そのために、河野にはどうしてもやり遂げたいことがある。

それが、過疎化や生産者の高齢化も手伝って、埋もれかけようとしている地方の食材、特産品などのブランド化を側面から応援する。あるいは、ブランド化への道筋をつくっていくための一助になるということだ。

言葉でいうほど簡単にできることではないが、これが生産者、事業者を元気にし、共存共栄していくための一番の近道になると考えるからだ。生産地の自治体、行政、金融機関、農協、漁協、商工団体も巻き込んで、郷土の食材、特産品などのブランド化への挑戦もはじまろうとしている。

北は北海道、南は沖縄まで——ワールド・ワンは全国の生産者によって支えられている

鰹節
新谷商店
土佐清水産
宗田節
新谷商店
NIIYA SHOTEN

土佐清水市
連携協定店

中水
青森中央水産

紅
幸寿

わいはっ!
OWANI

経営理念に「完成」はない

状況に応じてしなやかな対応ができる「人」の集団に

ワールド・ワンが掲げる経営理念の前半は、『いい会社、いいお店をつくりましょう』で、後半が『明るく、熱く、おもしろく』である。

「私が考えているいい会社のポイントになるのは、来店されたお客さま、パートナー関係にある生産者や事業者、そして、ともに働いているメンバー。この三者にとってのいい会社であり続けたいということです。お客さまと向かい合うときにはお客さまの立場になって、いいと感じたことを精一杯やる。ただ、人間の価値観は人それぞれで、一人ひとり違っています。ですから、何から何まで細かくマニュアルをつくり、これを厳格に守って接客するのがサービスだとはとても思えません。

生産者や事業者、一緒に働いているメンバーに対しても考え方は同じで、その場そのときの状況に応じて、しなやかな対応ができる人の集団。このような集団をみんなで一緒につくりあげていきましょう。ワールド・ワンの経営理念には、そうした願いが込められているのです」

この河野の経営理念に対する思いは、着実に実を結びつつある。

たとえば、ワールド・ワンでアルバイトとして働く学生は、地方出身者の割合がかなり高くなっているが、それには次のような理由がある。

郷土の生産者、事業者と地道に人間関係を築きあげていくなかで、最初は口コミで、最近は地方紙などに記事として取りあげられる回数も増え、「神戸にあるワールド・ワンという会社は、地元の農家や漁業者が収穫した食材を扱う料理店、居酒屋などを経営している。神戸の大学へ入ってアルバイトをするのなら、一度訪ねてみたら」と、両親や親せき、近所の人からいわれ、応募してくる学生が少なくないからだ。

そうした高知県出身のアルバイト従業員の一人から、「県内で高校まで通っていたの

同じベクトルを持つことがよい会社をつくる

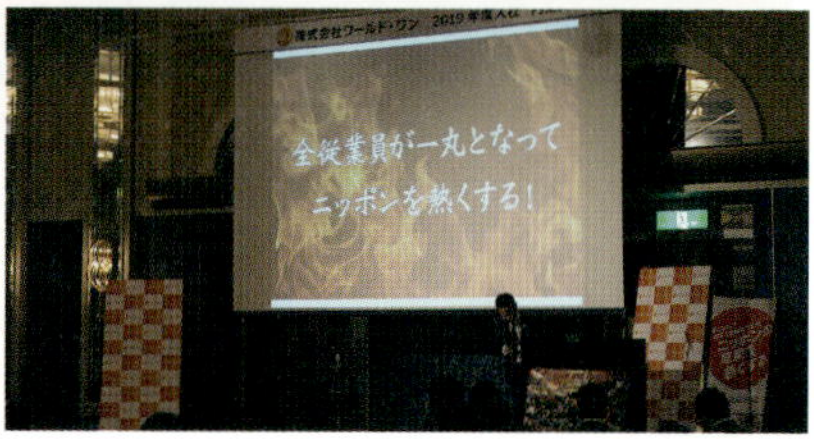

個性のあるスタッフたちによってよい店になる

に、土佐清水のことは何も知らなかった。土佐清水ワールドでバイトをしたのが縁で身近に感じられ、お正月に帰郷したときに、高校時代の友人を誘って、土佐清水へ旅行を楽しんできた」という報告を受けたことがあった。

ほかにも、ワールド・ワンには十五年前から中国人留学生がアルバイトとして働くようになり、その人数も日を追うごとに増えている。このリーダー格の一人は、ワールド・ワンの経営理念やミッション、接客の心得などを中国語に翻訳し、一緒に働く仲間、後輩により正確に伝えようとした。

「会社や仕事だけではなく、世の中の変化にも目を向けて、自分にできることを行動に移す。この一人ひとりの行動がいい会社をつくる大きなエネルギーになるはずです」と河野。

ワールド・ワンの経営理念はアルバイトの間にも着実に浸透しつつあるようだ。

正解がないからこそおもしろい

「いいお店づくり」というのは、沖縄料理の一号店をオープンした当初から、河野と幹部社員との間で何度も繰り返し協議されてきた最大のテーマであった。

料理が美味しくて、接客マナーの基本が徹底されている。これは、いわば当たり前のことで、これだけではいいお店の条件にはならない。河野が沖縄を訪れるたびに新しい発見があり、どんどん引き寄せられていったように、懐の深さ、奥行きもいいお店をつくる大きな要件であろう。

もう一つ、元プロレスラーだった河野は、リングの上で共有した観客席との一体感を思い出すこともあったようだ。

プロレスは究極のエンターテインメントの代表である。時間が経つのを忘れさせるぐらい、ハラハラ、ドキドキする非日常性を演出して、リングの上と観客席との一体感をつくりだし、来場した観客にとことん楽しんでもらう。そのために、レスラーは「心・技・体」を徹底的に鍛えあげる。

そして、帰路につく観客の一人ひとりに「今日、試合を観にきて本当によかった。また次もきたい」と、心底感動してもらう。これが新たなファンの獲得、リピーターづくりにもつながっていく。

もちろん、料理店とプロレスとを同列に並べることはできない。しかし、共通するポイントはいくつかある。なかでも大切なのは「心から楽しんでもらう感動の提供」ということ。

お客さまに限らず、人を楽しませようと思えば、まず自分自身が毎日を楽しく過ごすことが欠かせない。なぜなら、人生の楽しみ方を知っている人は、人を楽しませることができるが、そうでない人には人を楽しませることは困難だと思えるからだ。

「いい会社、いいお店」というのは、突き詰めていくと「人」に落ち着く。

では、人生を楽しむ秘訣がどこにあるのかといえば、それが、「明るく、熱く、おもしろく」に結びついていく。

「いい会社」にも、「いいお店」にも、おそらく正解はない。だからこそおもしろい。やるべきことは、まだまだ残されている。

仲間と一緒に大きな夢を実現させたい

ワールド・ワンの総店舗数は二十五店で、社員数一一五名、アルバイト従業員五七五名（いずれも二〇一八年十二月末日現在）を数える。

各地でおこなわれている「生産者ツアー」

店舗については、一八年には九月に「土佐清水ワールド 東京・新橋店」、十一月に「土佐清水ワールド 大阪・お初天神店」、十二月に「青森ねぶたワールド　東京・新橋店」を相次いでオープンした。

いたずらに出店数だけを増やしていくという考えはない。だが、沖縄、土佐清水、山陰・隠岐の島、青森でも当初より取引している生産者、事業者からの紹介や口コミによって横への広がりに加速度が加わってきた。

ほかにも、「生産者ツアー」の成果が着実にあらわれ、北海道、山口県、熊本県、兵庫県、さらには小豆島などで、かなり強い関係構築をはかるなど、新たな生産者、事業者とのネットワークも急ピッチで拡大中だ。

これらを考慮に入れると、今後は毎年数店ずつ新店舗を増設することが見込まれている。

新店舗だけではない。店舗運営や管理面での戦力強化、物流体制の拡充強化、新規事業、新業態の開発や広報活動を含めたマーケティング力の強化、ＰＯＳシステムや社内ＬＡＮなどのメンテナンス、再構築のためのエンジニアリング力の強化、経営計画の策定と実現のための経営管理力の強化など、会社をさらに強くしていくための課題は多い。

「急いで会社の基盤を固めていきたいという事情もあって、従来はどちらかといえば中途採用者にウエートを置いた採用活動をおこなってきました。でも、十年ぐらい前から徐々に新卒採用に軸足を移すようになっています。たしかに、経験豊富な中途採用者の力が必要な部署もありますが、ワールド・ワンは他社がまだ足を踏み入れていないような新しい道を切り開いていこうとしています。そこには、経験よりもフレッシュな感性が不可欠だとの認識があり、できるだけ自分たちの手でプロパー社員を育てていきたいのです」

こう話すのは、取締役管理本部長の羽場洋介だ。こうした人材への強い思いが通じたのか、まだ十店舗にも満たない頃のことだった。ワールド・ワンの会社のミッションにひかれた有名大学の学生が入社をしてくれたのだ。いまと比べても会社は小さく、知名度もなかったが彼ら彼女たちは親を説得。勇気と熱い思いが大きな力となって会社の成長を支えてくれている。

二〇一七年四月に十二名、一八年四月に十一名の新卒採用。一九年四月には十二名の新卒社員を迎える予定になっているが、この採用人員の数は年を追うごとに増員していかなければ、会社の成長も見込めないだろう。

このような若いパワーを結集し、パートナーである小規模な生産者、事業者と手を携えて、郷土の活性化をはかり、日本の食文化のあり方に一石を投じるという大きな夢を実現させたいと、ワールド・ワンは考えている。

ワールド・ワンのここがすごい!

ワールド・ワンが店舗の立ち上げに集中するチーム力と注がれる熱意には、深く感銘を受けました。

中水 青森中央水産株式会社　鮮魚部 課長代理
新岡 敬

売り手も買い手も満足でき、会社・生産者・地方すべてに対して“よし”を実践しているのがすごい。

企業組合ラビアンローズ　代表理事
畑中宏之

全国の現場に足を運び見て取引を実践しているところ。予定外だった私たちの畑も視察してくれました。

一般社団法人くるくる佐井村　代表理事
園山和徳

お客さまや仲間のことを思いやりながら、元気で素直でやる気のあるところ。そして、河野社長の情熱!

ウェルカムジョン万カンパニー　代表取締役
田中慎太郎

産地に出向いて勉強し青森でも知名度の低い食材などまで知っている。青森への愛は私たち以上かも。

有限会社 大鰐振興　営業部長
會津 淳

地元生産者、消費者、出店計画の三者をWIN･WIN･WINに導く手腕。すごいのひとことです。

郷土活性化組合　土佐清水活性化組合 組合長
滝沢 理

生産者のこだわりと青森食材の魅力を消費者に伝えるメニューの圧倒的な情報量には脱帽でした。

北彩漁業生産組合　組合長
濵田勇一郎

ワールド・ワンを見ていて計画を立案・検討・実現する行動力とそのスピードには舌を巻きました。

有限会社 新谷商店　取締役 四代目
新谷重人

Treasure hunt
for delicious food

地方に埋もれている成長のシーズを探せ！

銀行の支店網を通じた生産者との関係構築

新しい食材を探し求めてスタートさせた地方行脚だったが、日を追うごとに重要性が増し、頻度も多くなってきた。

いまは、「生産者ツアー」と命名し、毎月の定例行事化している。このきっかけをつくったキーマンが、取締役 マーケティング本部長の松波知宏だった。

二〇〇九年四月、山陰合同銀行に入行した松波は、一四年に島根県松江市にある本店から神戸支店へ転勤してきた。転勤から一週間後、彼は営業でワールド・ワンを訪問した。

「事前に会社の情報を集め、融資を勧める目的で伺ったのですが、その席で、河野社長が郷土活性化に対する確たるビジョンを持っていることがわかってきました。私の勤務先の銀行も同じミッションを掲げていたこともあり、上司と相談して、後日、地元にある支店網を通じて生産者を紹介しましょう、と話がまとまりました。このときに、山陰でも土佐清水ワールドと同じような店が出せるのではないかという思いが頭をかすめました」

この松波のひとことが発端となって、二人は隠岐の島を皮切りに、三か月に一回ぐらいのペースで、山陰へ赴くようになった。松波にとって、これは初めてのことではなく、それまでに何度か食材を扱う事業所の担当者を現地に案内した経験があった。

河野は美味しいものを求めて全国を視察する

こうした事業所の担当者と、河野社長とでは決定的な違いがあったと、松波はこう話を続ける。

「生産者を前に、価格や出荷量ばかりに目を向けがちな事業所の担当者とは対照的に、河野社長は地元の状況、生産物へのこだわり、どういった調理をすると美味しいのかなど、ビジネスよりも生産者の現状や食材そのものへの関心が強いという印象を受けました。だから、すぐに生産者と打ち解けた雰囲気になり、話も円滑に進むのです。何よりも生産者に喜んでもらえるので、私も紹介のしがいがあり、次の山陰行きを待ち遠しく感じるようになりました」

隠岐の島に続いて、境港、海士《あま》、浜田、賀露《かろ》といった漁港、山陰のシンボル・大山《だいせん》を取り巻く周辺の市町村の農家、畜産農家などを訪ね歩いた。この地域は、旬を迎えるとグルメもうならせる松葉がに、岩がき、白いか、さざえ、あわびなど海の幸の宝庫である。

のどぐろ煮付

銀行の支店からの紹介ということで、食材を提供してもらえる生産者、事業者の数は、地元を訪れるたびに膨らんでいった。

一五年十二月、既存店で「山陰・隠岐の島フェア」を開催、一六年三月に山陰の冬から初春にかけての味覚をメニューに満載し、「山陰・隠岐の島ワールド」の第一号店を立ちあげた。沖縄や土佐清水ワールドの一号店と同様に、お客さまの評判は上々だった。

「山陰・隠岐の島ワールド」の店内

楽しみながら郷土の活性化に貢献

山陰・隠岐の島ワールドの一号店を立ちあげた一年後の一七年四月、松波はワールド・ワンに入社した。

「私が就職先に地元の銀行を選んだ一番の理由は、学生時代の友人の多くが、卒業すると東京、大阪の企業へ就職していくなか、地元に残って活性化の役に立ちたいということでした。入行して八年、銀行マンとして仕事のやりがいも、手ごたえも十分感じていましたが、郷土活性化への貢献となると、漠然としたイメージの世界の話になってしまいます。山陰へ往復する車の中で河野社長といろんな話をしていると、ワールド・ワンなら直球で地元貢献ができ、これを山陰だけではなく、全国へ広げていける可能性もあります。しかも、河野社長は心の底から仕事を楽しんでいる人だということがひしひしと伝わってくるんです」

　仕事を楽しみながら郷土の活性化に貢献できそうだ、というのが松波のワールド・ワンへの入社動機だった。

　二〇一八年六月、鳥取県・岩美町、山陰合同銀行、ワールド・ワンとの三者の間で、岩美町の食材、加工品の消費や販路拡大のために連携していくことを約束する協定を結んだ。連携協定締結後も同銀行との関係は、さらなる強化がはかられた。

　従来は不定期で実施していた地方行脚は、河野と松波との二人三脚で山陰を巡る食材探しの旅をはじめてか

鳥取県・岩美町、山陰合同銀行、ワールド・ワンとの
三者による協定の調印

ら、社内向けに「生産者ツアー」とネーミングし、定例化された。この結果、それまでは西日本に限られていた食材の供給先が、北海道・厚真町、青森といった北日本へも拡大した。

「青森はいいですよ。関西から距離的に遠いこともあって、神戸ではほとんど知られていない食材が山ほどありました。県の三方が海に囲まれ、中央には十和田湖があり、農業や畜産も盛んで、まさに『山海の郷《さと》』という表現がぴったりの郷土です」と河野。

これが二〇一七年四月の「青森ねぶたワールド」のオープンにつながるのだが、それまでに河野は料理長、調達、物流、通販の責任者や担当者など数名のスタッフを伴って、都合四回青森を訪問し、十五以上の市町村を精力的に駆け巡り、多数の生産者と親交を深めている。

効率よりも、ポリシーを伝えたい

現在、松波はスタッフと協力して、新規事業の企画・立案、既存店舗で開催する

「フェア」のプランやメニューづくり、すでに五万人を突破した会員向けの広報誌『ワールド・ワンプレス』の編集業務に加えて、「生産者ツアー」の企画責任者として、候補地選び、現地でのスケジュール管理と調整など、幅広い分野で力を発揮している。

では、生産者ツアーはどのように運営されているのだろう。

先に紹介したように、定例化によって毎月一回から二回のペースで実施されるようになった。参加者は訪問先や訪問目的によって異なり、自治体や行政のトップを表敬訪問したり、取引契約を結ぶ前段階にある生産者、事業者と面談する場合は、必ず社長が参加する。

実務レベル、つまり、取引条件が決まり、食材の購入、収穫物の品質確認などが中心になったツアーであれば、松波をはじめ、調達部門の責任者、料理長、通販事業の責任者が引率するケースも多い。

いずれも参加する人員は四、五名で、ときにはここへ入社一年目の新卒社員が加わることもある。

日程も訪問先によって異なる。日帰りで実施することもあれば、遠隔地なら二泊三日の行程がスケジュールでびっしり埋まっているようなケースもある。だが、青森へのツアーでは、かなりタイトなスケジュールだったにもかかわらず、冬の訪問だったので、短い時間ではあったが、参加者全者でスキーを楽しんだこともあった。

面談相手が生産者、事業者の場合は、二、三名に集まってもらい、昼食や夕食をともにしながら、あるいは、お茶を飲みながら、ビールで乾杯をしてから面談がはじまることもある。こうした話し合いの席を一日に四、五回設けるのが普通だ。

「一度に十数名の生産者に集まってもらって面談すれば、はるかに効率的でしょう。でも、いまのやり方は、河野社長が食材探しで地方を行脚していたときからの伝統で、人数が多くなればなるほどワールド・ワンのポリシーが伝わりにくくなるという理由から、今後もずっと守り通していくはずです」と松波。

このように、「生産者ツアー」はワールド・ワンの将来を左右する重要な戦略の一つとして、さらなる拡充が検討されている。

どんな小さな挑戦でも必ずオリジナリティが必要

成長に大きな弾みと手応え

二〇一五年六月に土佐清水ワールド一号店をオープンさせて三年七か月。一九年一月に幡多バルを含む土佐清水ワールド全店の来店客数は一〇〇万人を突破した。新年早々幸先のいいスタートを切ったが、この三年半のワールド・ワンの動きをざっくりと振り返ってみよう。

一五年の後半は土佐清水ワールドの一号店、二号店の運営に全力を傾けた。同時に、山陰での食材探しの旅を充実させ、「山陰・隠岐の島ワールド」のオープン準備にも取り組んだ。

一六年は、三月にオープンした山陰・隠岐の島ワールドの一号店の運営のほか、食材探しの地方行脚を生産者ツアーと命名して定例化をはかり、このレスポンスをよくしてスピーディに「フェア」の開催につなげた。この結果、フェアは安定した集客が見込める、ワールド・ワン各店のイベントの目玉としてしっかりと定着していった。

一七年は、生産者ツアー、フェアだけではなく、物流パワーの強化など、それまでの積み重ねが一挙に実を結び、四月の「青森ねぶたワールド」の一号店のオープンを含めて年間に八店というハイペースで、新店舗をオープンさせた。同時に東京、高知への進出も果たすなど、成長に大きな弾みがついた一年となった。

また、お客さまを、ワールド・ワンと関係の深い生産地に案内して、周辺の観光の名所や祭りの見学。そして、生産者と直接交流をはかったり、希望者には生産や収穫を体験できる、「食と郷土にふれる体験型旅行ツアー」を、会員限定で実施するようになったのもこの年からである。

一八年は、生産者、事業者のみならず、自治体、行政、地元の金融機関、農協、漁協、商工団体などとの連携をさらに深めて、既存店で産地直送の食材、特産品の直売会、通販サイトの拡充など、物販にも力を注ぐようになった。

これに加えて、モノだけではなく、郷土の文化を伝えていこうと、店内で郷土の祭りを演出したり、伝統的な工芸品などの展示もおこなうようになった。新規の出店は三店舗にとどまったが、土佐清水ワールドのかねてからの念願であった大阪への進出を達成した。

若い女性向けのショップ、カフェの出店も

一九年は、ワールド・ワンにとって新たな道を切り開いていくための「チャレンジの年」と位置づけられている。

たとえば、りんごは青森の代名詞になっているが、そのなかには明治時代から代々伝えられてきた秘伝の栽培法でつくられる「幻のりんご」と呼ばれるものや、甘さにこだわり、甘さを引き出すために葉っぱを残したままで出荷されるりんごもある。

ワールド・ワンは、こうした関西ではなかなか入手できないりんごに注目。一八年の十一月と十二月に、四種類のこだわりのりんごとジュースの産直直売会を既存の二

女性に人気のりんごジュース

店で開催した。普段は三十代、四十代を中心に、それ以上の年代の男性客が多い店内に、家族づれや女性だけのグループも目立った。家族へのお土産に購入される男性客も少なくないなど、当初から予想していたようにお客さまの高い支持を集めた。

「決しておろそかにするつもりはなかったのですが、既存の店は居酒屋というイメージがあって、女性客よりも男性客の割合が若干高くなっていました。でも、美味しいものを食べたいとか、郷土に対する思いには男女や年齢の区別はないはずです。そこで、産地はもちろん、生産者の顔が見えるような形で、りんごやジュースを販売する常設の専門ショップを一九年の春にオープンする予定になっています」と河野。

青森県のりんごもそうだが、高知県の幡多は柑橘《かんきつ》類や栗などの産地として有名で、山陰・鳥取では二十世紀梨をはじめ、一年を通じていちご、ぶどうなどが収穫される。また、沖縄はトロピカルフルーツの宝庫だが、パティシエがこうしたフルーツを使ってスイーツやシャーベットに仕上げる。こうしたスイーツメニューをメインに、ヘルシーなサラダ、フルーツジュースなどをセールスポイントにしたカフェの出店も予定されている。

「これまで、二十歳前後の若い女性を集客できないというのが、ワールド・ワンのウィークポイントでした。しかし、りんご専門のショップ、カフェの出店によって、お客さまの層だけではなく、社内の認識も大きく変わってくると思われます」

先にも登場した羽場は、こういって口元をほころばせる。ワールド・ワンの新たなチャレンジは、すでにはじまっている。

自社ブランドの「鳥取しいたけ 世界一」の栽培と収穫

鍋料理や筑前煮、ちらし寿司、肉詰めなどの材料として欠かすことのできない「しいたけ」。食卓の主役ではないが、日本料理のなかでの名脇役ぶりを発揮する。

でも、このしいたけは違う。軽く炭火であぶって、しょうゆ、あるいはポン酢で、熱いままをハフハフといただく。まさに逸品、主役の風格すらただよわせている。

ワールド・ワンが丹精込めて栽培し、「ワールド・ワン」ブランドの第一号商品として収穫した『鳥取しいたけ 世界一』が、二〇一八年十二月中旬、神戸の二店の山陰・隠岐の島ワールドに初お目見えした。

大山のふもとのいくつかの候補地から最適地を選び、クヌギの原木を切り出し、ドリルであけた穴に菌を仕込むところからはじめ、十か月かけて芳醇な香り、超肉厚でジューシーなしいたけに育てあげた。

今回は、実験的に二〇〇〇本の原木を使ったが、原木の数を増やして直売会、通販での取り扱いも検討中だ。

「ワールド・ワン」ブランドの第一号商品の『鳥取しいたけ 世界一』。調理法はいろいろだ

「一歩先というよりは、常に二、三歩先をにらんでいたいですね。郷土の活性化に協力でき、ビジネスとして成立するのであれば、あらゆることにチャレンジします。表面的には同じように見えても、なにがしかのワールド・ワンの独自色がプラスされているというのが、取り組む場合の最低条件になります。

　もちろん、沖縄、土佐清水、山陰、青森、熊本に続く六本目の柱を打ち立てることも優先事項の一つで、いくつか候補地もあがっています。さらに、ハワイに住む日系人と観光客を対象にした郷土料理のレストラン。つまり、ハワイへの進出も視野に入ってきました」と河野。

　二〇一三年三月より会員向けに発行してきた『ワールド・ワンプレス』（二十四ページ・オール

カラー）は、ＰＲ色の濃い内容になっていたが、一九年からマガジンスタイルに完全リニューアルして読みごたえのある内容へ一新する。同時に、文化、風土、観光など、郷土インフォメーションのボリュームアップをはかり、読者と郷土の距離をより縮めていこうとしている。

「目標はワールド・ワンを食を通じて地方をプロデュースする新しいカタチの会社にすることです」

こう話すのは全般的なデザイン制作をおこなっている制作部長の濱崎明弘だ。ワールド・ワンの将来に向けた動きが、あわただしくなってきている。

パートナーとしての気づき

仕事に夢・希望・ワクワク感が増えたこと。社員が笑顔で仕事に向き合えるようになりましたね。

ウェルカムジョン万カンパニー　代表取締役
田中慎太郎

地方の売り込み方を考え抜いた手法には感心させられる。私たちも見習うことがたくさんあります。

企業組合ラビアンローズ　代表理事
畑中宏之

私たちの生産する「アピオス」の評価が遠く関西で少しずつ上昇中。地域活性化を実感しています。

一般社団法人くるくる佐井村　代表理事
園山和徳

常に感動と出合える商品を模索し絶えず商品情報や提供手法を刷新していく心構えができたこと。

中水 青森中央水産株式会社　鮮魚部 課長代理
新岡 敬

私自身人生をかけて取り組んでいる会社であり、プロジェクト。成果はその先に必ずついてくる！

郷土活性化組合　土佐清水活性化組合 組合長
滝沢 理

生に近い食感を実現するために色々工夫するようになった。顔の見える出荷先だと安心できます。

北彩漁業生産組合　組合長
濵田勇一郎

土佐清水市の事業者は自分たちの地域のすばらしさを再認識。いままで以上に仕事に誇りが持てます。

有限会社みやむら　営業
宮村圭佑

一般の生産者では得がたい知見や感動が得られ、思いを伝えれば喜んでもらえる。幸せが循環中です！

有限会社 新谷商店　取締役 四代目
新谷重人

これからのワールド・ワンへの期待

生産者の思いをお客さまに伝え続ける語り部をになってほしい。

中水 青森中央水産株式会社　鮮魚部 課長代理
新岡 敬

ワールド・ワンの元気が必要な町は数多くあります。土佐清水だけでなく日本を元気にしてください。

ウェルカムジョン万カンパニー　代表取締役
田中慎太郎

ワールド・ワンは地方活性化だけでなく、展開次第で世界を狙える会社だと思います。目指せ世界！

企業組合ラビアンローズ　代表理事
畑中宏之

地域の魅力を発信する力は本物。今後も地域と地域の人、食材をつなぐ架け橋として頑張ってほしい。

一般社団法人くるくる佐井村　代表理事
園山和徳

日々の情報交換や社員教育を通じて消費者の満足度向上や生産者の底力・活力UPにつなげてほしい。

郷土活性化組合　土佐清水活性化組合 組合長
滝沢 理

信頼できる供給先は生産者の心強い味方。今後も食で地方が元気になれるよう、力を貸してほしい。

北彩漁業生産組合　組合長
濵田勇一郎

土佐清水のみならず田舎にはいいものが数多くあります。都会に、世界に、いいものを届けてほしい。

有限会社 新谷商店　取締役 四代目
新谷重人

連携協定の締結以後、協力体制を密にし、店舗での食材提供、観光ＰＲ、食文化の情報発信など地域活性化に寄与してもらっています。一度、本物の土佐清水市にも足をお運びください。

土佐清水市　市長
泥谷光信

Passion of
The World One

Chapter 2

郷土を活性化するためのビジネスモデル

Local regeneration
through diversification

地方を活性化させる「6次産業化」とは何か

生産地、生産者を元気にする農水省の取り組み

神戸ではあまり知られていない食材を求めて、地方行脚をスタートさせた、いまから十数年前、河野が郷土活性化への貢献を意識しはじめたことは、すでに述べた。だが、実際にアクションを起こそうと思っても店の数が少なく、地道に新しい生産者、事業者とのパイプを築いていくしか術を持たないというジレンマに陥っていた。

それから数年が経過し、沖縄料理の店を中心に、店舗数が十店近くまで増えた。その頃、経済紙に掲載されていた小さな記事の見出しにあった、『6次産業』という

見慣れない言葉に、河野の目は釘づけとなった。

6次産業というのは、1次産業である農林水産業に携わる生産者が、生産物を自力で加工し、販売もする。あるいは、1次産業の生産者を中心に、生産物を加工する2次産業、流通、販売を担う3次産業と連携し新しい付加価値を創出し、雇用や所得アップに結びつけていこうという、農林水産省が採用した地方振興策の一つであった。

1次、2次、3次の、それぞれの産業を掛け算すると6次になるところから、6次産業と名づけられ、こうした具体的な取り組みは「6次産業化」と呼ばれ、最近はもっぱら「6次産業化」という言葉が使われるようになっている。

この6次産業化を推進していくための法律「六次産業化法」が二〇一一年に、一三年には『六次産業化・地産地消法』が制定された。

後者の正式名称は、『地域資源を活用した農林漁業者による新事業創出等及び農林水産物の利用促進に関する法律』で、この目的は農林水産業の振興などをはかるとともに、食料自給率の向上に寄与すること、となっている。法制化をきっかけに、河野は幹部社員を招集して会議を開き、全員の承認を得て、「ワールド・ワンの持ち味が存分に発揮できる6次産業化に取り組もう」との方針を確認した。

「当初、6次産業化は地方の生産者が地元の2次産業とタイアップして、より付加価値の高い商品化に取り組み、3次産業を通じて地元の消費者に販売する『地産地消』のイメージで発案されたようです。ところが、生産者が地元の加工業者と協力して、新しい商品をつくることはできても、地元で販売するだけでは売れる量も限られます。かといって、生産地から距離的に離れた消費地で販路を開拓していくのは、規模の小さな生産者、加工業者にとって、かなりハードルが高かったようです。

最近は、生産地の行政、農協、漁協、商工団体などが、生産者、加工業者を積極的に後押しすることで、『地産外消（外商ともいう）』に取り組もうといった動きが活発になっています」

と、羽場は6次産業化にも変化があらわれてきたと指摘する。

そのうえで、ワールド・ワンの6次産業の理念を次のように話す。

「事業モデルとしている6次産業プラットフォームでは、多様な主体が参加する新しい郷土コミュニティを形成します。これは郷土活性化を実現するための唯一の手法であり、それ自体が郷土活性化であると私たちは思っています。

そこで私たちは、地方のことを愛を込めて郷土と呼んでいます。こうした郷土コミュニティは、生産者、行政はもちろんのこと、消費者でさえお客さまではなく、郷土コミュニティの一参加者と捉えます。なぜなら、コミュニティに関係するすべての人たちが郷土活性化という共通の目的を達成するために、フラットな関係であることが持続可能な郷土活性化モデルだと考えているからです。

私たちが提供する6次産業プラットフォームは、郷土コミュニティが活動する場であり、郷土への玄関口です。具体的には、アンテナショップというリアル店舗と『プラス郷土』というバーチャル店舗それぞれの特性を活かし、郷土特有の食材を提案し、郷土の原風景を提供し、食文化を継承していきます。これらは生産者や行政にとっては、郷土の課題を解決し、郷土のよさを表現できる場になります。一方、消費者は非日常を体感し、ホンモノの郷土料理を味わえる場になります。さらに、単に商品を購入するのではなく、郷土活性化に参加し、郷土の文化に共感する〝イミ消費〟の場であるのです。

6次産業プラットフォームを通じて、郷土コミュニティを形成し、新たな郷土との関係づくり、ひいては安心安全な郷土をつくることで人口を増加させ、郷土活性化を実現したいと考えています。こうした郷土コミュニティに参加する郷土の数だけワールド・ワンの可能性が広がります。ワールド・ワン・グループは、日本の郷土とともにあり続けたいと思っています」

ワールド・ワンが推進する6次産業プラットフォーム

現在の6次産業化への取り組みは、一部の商品が地域外やネットを使って販売されているものの、ほとんどが地域内で完結する地産地消型だ。

そのなかで、ワールド・ワンが推進する6次産業化は極めて異色だといえる。前に紹介したように、沖縄料理の店をオープンさせるための食材確保が目的で、直接生産者や加工業者と交渉して調達や物流のルートをつくり、その後は沖縄以外の地域でも、こうしたネットワークを拡充させてきた。つまり、何もかもを自力でやらざるを得ないという必要に迫られて、積み重ねてきたことが、農水省の地方振興策の取り組みと合致していたのである。(図1)

「ワールド・ワンは、消費地にある3次産業の飲食業から6次産業へ参入しました。これ自体が珍しいのですが、特定の地域にこだわった食材の調達から物流、そして調理をしてお客さまに提供するところまでという自己完結型で、郷土料理店の多店舗化を進めています。しかも、扱っている生産物のメインが新鮮な魚介類というのも、ほかに例がなく、あらゆる面で異彩を放っています」と羽場は強調する。

　そして、生産者と消費者とをダイレクトに結びつけるために、ワールド・ワンが仲介役となって、ネットを通じた販売のためのシステム化も積極的に推進し、双方にメリットが生まれる環境づくりに取り組んでいる。

　こうした目的を達成するために地方の行政との連携強化をはじめ、ワールド・ワンが有している、さまざまなノウハウ、情報

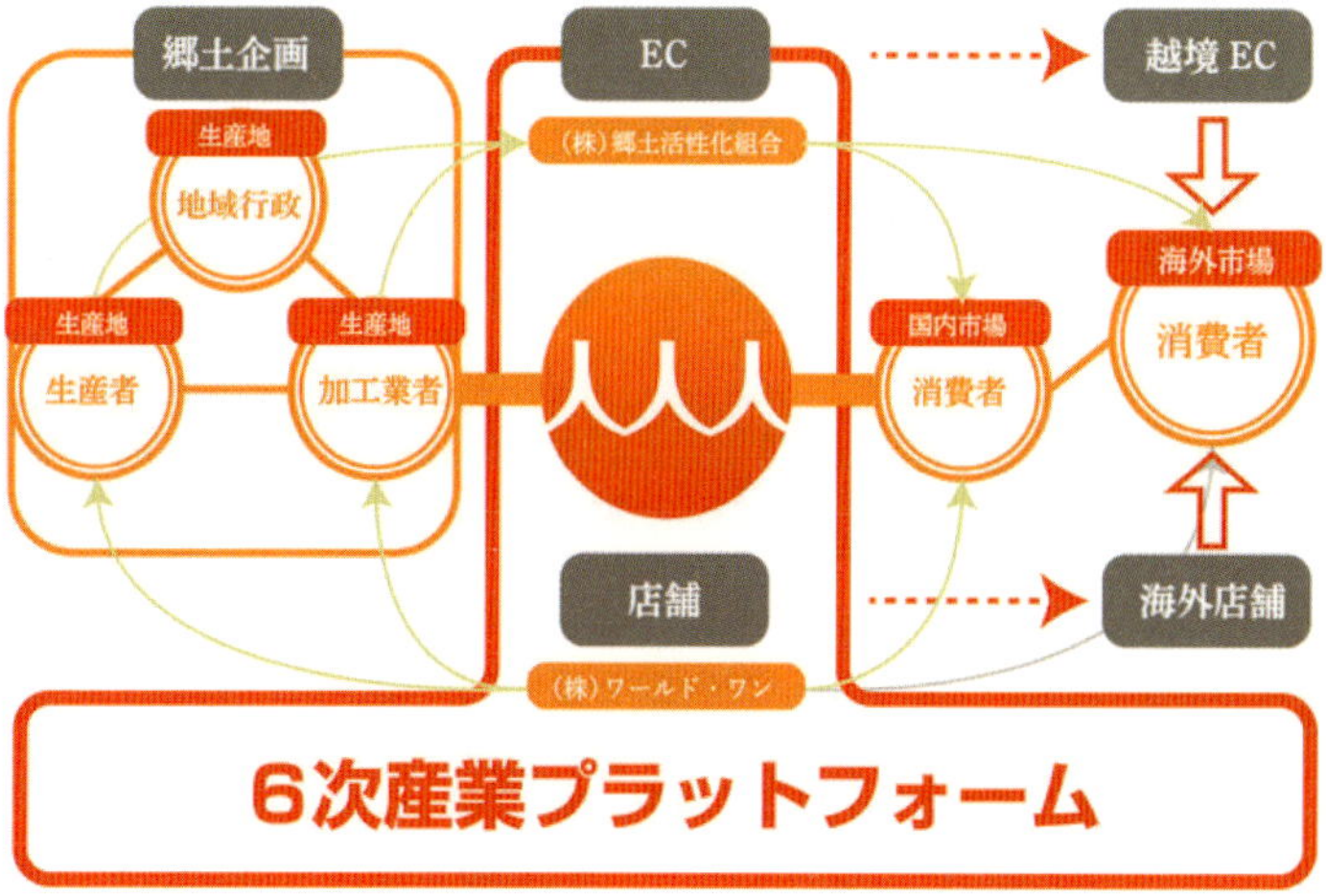

図1　ワールド・ワン　6次産業の考え方

の受発信機能、さらには柔軟な発想を駆使した企画力、提案力などもプラスして、独自性の強い「6次産業化」を推進させることで郷土の活性化に貢献する。これがワールド・ワンのビジネスモデルである「6次産業プラットフォーム」で、将来ビジョンでもある。

「プラットフォーム」とは、複数の異なる集団や個人が互いに協力し合って新しい価値を生み出す仕組みのこと。つまり、ワールド・ワンは生産者や事業者にビジネスの場を提供する一方で、リアルとバーチャルの両面から消費地、消費者との橋渡し役を務める。そのためのツールが店舗であり、ネットを使った各種のサービスである。

二〇一八年九月、ワールド・ワンは（株）農林漁業成長産業化支援機構（政府の九十四パーセント出資）を引受先とする第三者割当増資による約三億円の資金調達をおこなった。これによって資本金（資本準備金を含む）は、それまでの六三〇〇万円から三億六七〇〇万円と一挙六倍となり、多くの仲間と一緒にビジョン実現に向けての可能性をさらに大きく広げたのであった。

日本の食料自給率の現状

　農水省が6次産業化を推進している目的は、地域振興と食料自給率の向上への寄与であるが、わが国の食料自給率は年々厳しさを増している。この現状をわかりやすく解説していこう。

　現在、わが国のカロリーベースの食料自給率は三十八パーセント。つまり、日本人が日々口にする食品の、およそ三分の二が輸入されたものだ。この数字は主要国のなかで最低水準にあることはいうまでもない。

　人口の割には国土の広いオーストラリア、カナダ、アメリカなどは完全な食料輸

各国の食料自給率（カロリーベース）

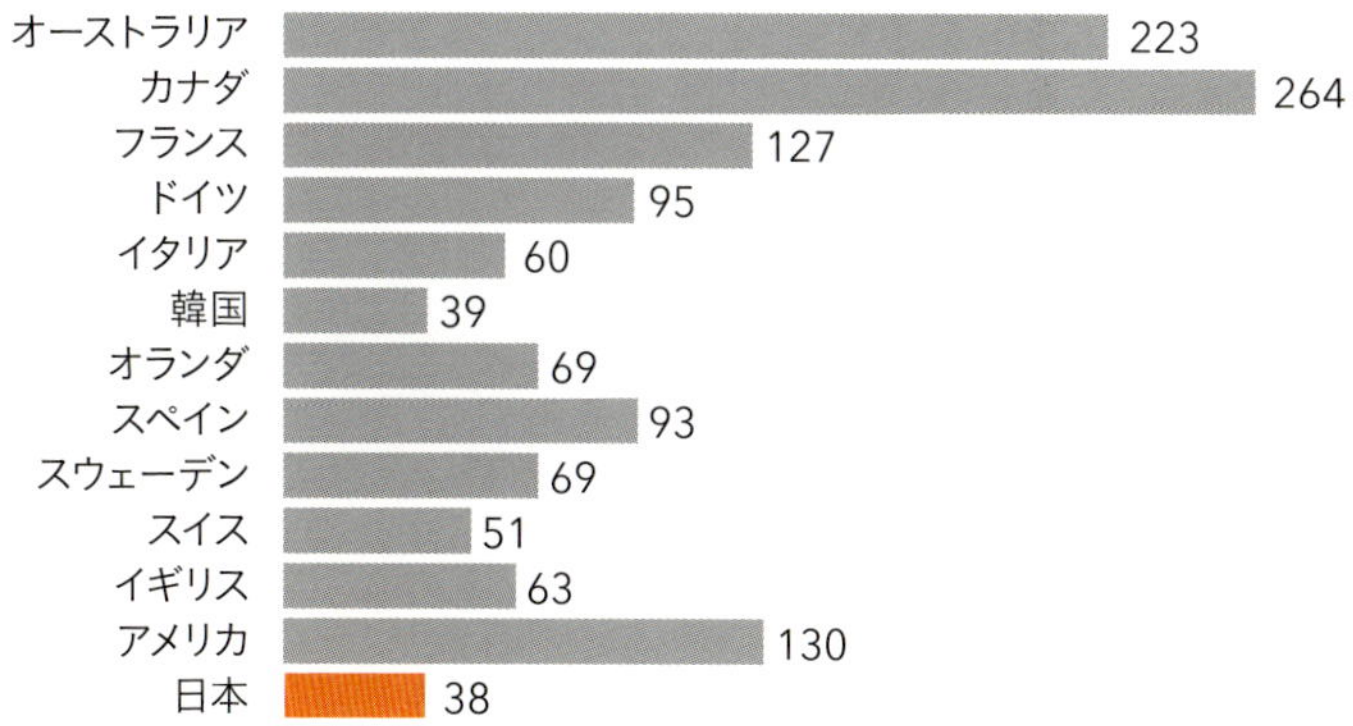

資料：農林水産省「食料需給表」（日本は平成29年、韓国27年、スイス25年、それ以外は25年の数値）

出国だが、ヨーロッパの国々の自給率も意外に高い。農業大国・フランスはアメリカ並みの食料自給率を維持しており、ドイツ、スペインは九十パーセント以上、イギリス、イタリア、オランダなど多くの国が六十パーセント台の自給率を保持している。

では、なぜ日本の食料自給率はこんなにも低いのだろうか。さまざまな理由が考えられるが、主なものは次の三点であろう。

一点目は、農業、漁業に従事している人たちの高齢化と人口減少が急ピッチで進んでいることだ。日本の1次産業を支えているのは、小規模な生産者が大半で労働集約型であるため、生産性が高いとはいえず、後継者が育ちにくいところも、自給率低下につながっている。ちなみに、都道府県別の自給率では、供給量が需要量を上回っているのは北海道と青森、秋田、岩手、山形の東北四県しかない。

二点目が、海外からの価格の安い食料品の輸入量が年々増加していることだ。この輸入量に反比例して、わが国の自給率は下がっていく。

三点目は、日本人の食生活が大きく変化したことだ。

戦後、わが国が重厚長大型の工業国としての道を歩みはじめ、経済成長に弾みがついてくるのに伴って、米からパンへ、比較的カロリーの低い魚介類、野菜中心の食事から、徐々に肉がメインになった高カロリーの食事へという欧米化の流れができた。

一方で、さまざまな食料品の輸入自由化が進み、一九八八年にアメリカ産牛肉の輸入規制の一部解除に続き、九一年に完全自由化されたことでカロリーベースの輸入食料品の割合が大幅にアップした。さらに、食べ残しや賞味期限切れによって、ゴミとして廃棄される食品の量が増え続けていることも、自給率の低下を招く要因となっている。このことに歯止めをかけるには、私たちができるだけ国産の食材を購入したり、廃棄する食品の量を極力減らすような心がけも必要であろう。

ワールド・ワンは食料自給率を高めていくために各種の情報提供、啓蒙活動にも取り組んでいきたいと考えている。

研修で催事を任されて、驚いた。
生きるとは何かを
教えてもらいました。
わが社なら人は変われる！

2011年 新卒入社
古謝 望

年齢・役職問わず全員が全力、尊敬できる先輩が多い。将来は、他社のお手本になる会社にしたい。

2017年 新卒入社
伊藤千尋

地域特有の食材にふれることができ、色々な人々に出会える。常におもしろい仕事ができる会社ですね。

2017年 新卒入社
上堅 陽

食を通じて日本全体を元気にしたい。バイトも表彰される一体感の強い会社だから、きっとできる。

2017年 新卒入社
岡崎有夏

先輩に見守られて、新人でも挑戦できる環境があります。広報として会社のことを広く発信したい。

2018年 新卒入社
岩郷奈江

お客さまの共感を呼ぶ会社。頑張り次第で店舗を変えることもできる。47都道府県に店を出したい！

2017年 新卒入社
杉尾龍弥

地域の食材の知識が豊富になって、自分でも美味しい料理やお店が見分けられるようになりました。

2018年 新卒入社
平岩亮祐

一人ひとりと本気で向き合ってくれる会社、逃げずに努力するチャンスをたくさん与えてくれる会社です！

2018年 新卒入社
岡英美里

多種多様な人が働いていて、
素敵な先輩・後輩にも出会えた。
郷土活性化で
日本の経済を変えたい。

2015年 新卒入社
重信由貴恵

安定志向だったのがベンチャー志向に。自分にできることを考えた先にみんなが誇れる会社がある。

2011年 新卒入社
乙野寿美

社員の活気が半端ない。広い世界で活躍する人とも出会えて、世界に名が轟く会社にしたくなった。

2017年 新卒入社
森本健太

新店舗開店を初体験、感動！
生産者や地方のことをより勉強し将来は自分の地元も盛り上げたい。

2018年 新卒入社
宮崎博史

人材開発部で本当に価値のある仕事ができている。人任せにしないことが会社・社会を繁栄させる。

2009年 新卒入社
廣 吏志

居酒屋を人気職種に格上げしたい。まずは自分たちに誇れるような仕事をすることだと思っています。

2010年 新卒入社
渡辺 悠

常によりよく変わり続ける会社。障害も人とのつながりで乗り越えられるから、私は後悔と無縁です。

2018年 新卒入社
藤本芳樹

関係者全員の利益とお客さまの喜びを本気で追求する会社。調理人として会社の成長に負けたくない。

2014年 新卒入社
黒田航

生産地と消費地をwin-winな関係にする仕組み

生産地、生産者が発信する熱いメッセージを消費者に伝える

前に紹介したように、ワールド・ワンと取引契約を結んでいる生産者、事業者は、消費者に対して非常に強い関心を持っている。自分たちの生産物が、消費者にどのように受け入れられているのかにはじまり、消費者の評価はどうか、食材や商品として、どうすれば競争力がより高められるのかまで、消費者の動向や変化に対して固唾《かたず》を飲んで見守っている。

生産者だけではなく、これは生産地にとってもまったく同じことがあてはまる。

地方における郷土の活性化は、半世紀近く前からの大きなテーマで、県や市町村にとって絶対に避けて通ることができない高いハードルでもあった。

そこで、1次産業に従事している人たちを多く抱える自治体、行政は、「地産外消」というスローガンのもと、消費地に向けて熱い視線を送るとともに、情報の収集と発信にも余念がない。

「生産者と膝を交えて、なごやかな雰囲気のなかで、いろんな話に花を咲かせていると、生産物の一つひとつに熱いメッセージがこめられていることが、ひしひしと伝わってきます。生産地の自治体のトップ、行政の担当部署の責任者、地元の金融機関、農協、漁協、商工団体などの関係者の思いも同じで、いろんな手段を駆使して、食材をはじめ、郷土のよさを消費地へ熱心にアピールしようとしています。ところが、消費者や消費地の反応は、必ずしも期待どおりとはいえないようです。

6次産業化を目指すワールド・ワンは、消費者や消費地の情報を生産者や生産地と共有するだけではなく、この逆もやっていこうとしています。すなわち、一方通行から対面通行への流れをつくる。これが、生産者や生産地、消費者や消費地の双方のことをよく知っている、わが社に与えられたミッションだと考えるからです」と河野は

フェアや臨時店舗などで接点をつくる／1.篠山・黒豆　2.平内町のホタテ

強調する。

たとえば、既存店で頻繁に開催する「フェア」、不定期ではあるが、一部の既存店に生産地から直送された新鮮な食材の直売コーナーを設けているのも、お客さまに少しでも生産地とふれ合える機会を設けたいという思いがこめられているからにほかならない。

また、お客さまを生産地に案内して生産者と交流をはかるだけではなく、生産現場を見学したり、一緒に収穫を体験できるツアーを実施するようになったのも、ダイレクトに生産者と消費者とが交流をはかることで、生産者や生産地への理解が深まっていけばと願ってのことだ。

関西では非常に珍しい、ブランド化されたりんごの常設専門ショップ、二十歳前後の若い女性を意識したカフェの出店を予定しているのも、こうした新しいお客さまに生産者や生産地、そしてワールド・ワンからの郷土活性化への熱い思いも送り届けたいと考えているからである。

出荷前の青森のりんご

生産者、消費者のメリットを

青森県の各漁港に水揚げされた魚介類が、翌日の午前中には神戸のワールド・ワンのセントラルキッチンへ送られてくる。そして、他の食材と一緒に青森ねぶたワールド、青森ねぶた小屋の二店へ配送され、開店と同時に調理してお客さまに提供できる態勢ができあがる。

青森から直線距離で約八〇〇キロメート

ルも離れた神戸で、鮮度抜群の魚介類が味わえるのは、青森県とヤマト運輸がタイアップして、二〇一五年四月から運用をスタートさせている「A-プレミアム」と呼ばれる物流サービスの賜物である。

つけ加えておくと、ワールド・ワンが神戸で青森ねぶたワールド、青森ねぶた小屋をオープンすることができたのは、このサービスがあってのことだ。

また、土佐清水ワールドには土佐清水市の強力なサポートのもと、火曜と金曜の週二回、活魚車によって清水さばなど旬の魚介類が生きたまま神戸まで運ばれてくる。

さばをはじめ、さんまやいわしなどの青魚は、傷みが早いので、よほど新鮮でなければ生食するのがむずかしい。

したがって、清水さばを刺身で食べることができるのは、土佐清水以外では高知市内の料理店か、高知空港からわずかの量が空輸されている東京の一握りの高級料亭や割烹、そして神戸、東京、大阪の土佐清水ワールドぐらいで、極めて希少価値が高いといえる。

沖縄からは、ワールド・ワンが自力でつくった物流ルートによって、新鮮な食材が定期的に神戸まで空輸される。さらに山陰や隠岐の島からも、鮮度抜群の四季折々の海の幸、そして山の幸が神戸まで直送されてくる。

ワールド・ワンが、こうした生産者、生産地と直結した物流体制を整えたことで、特定地域の最高レベルの旬の食材を、料理長、調理スタッフが腕によりをかけて調理し、お客さまに郷土の味覚を心ゆくまで味わってもらうことができる。

にもかかわらず、料金はリーズナブルで、料理のボリュームもある。

ワールド・ワン各店の料理はコスト・パーフォーマンスに優れているため、客層の中心は三十歳代から四十歳代のサラリーマンのグループで、常連客の比率も高い。仕事帰りなどに気軽に立ち寄れる店として重宝されており、どの店も連日にぎわっている。宴会シーズンになると、広い個室から予約で埋まっていく。

宴会シーズンでなくても、職場の飲み会、接待、同窓会、結婚式の二次会、女子会などの会場として利用されることも多い。このためのコース料理やセットメニューも常時用意されているし、飲み放題、食べ放題のコースを設けている店もある。

「ワールド・ワンの店の特徴の一つは席数が多いことで、少ない店でも約三十席、大きな店になると一五〇席という店もあります。しかも、すべての店が神戸、東京、大阪、高知の交通の便がいい繁華街の一等地に立地しています。料金的には、いまの

二、三割高めに設定したとしても、お客さまに十分納得していただけると自負しています。

もう少し店の規模を小さくして、料理内容に見合う料金設定にすれば、もっと効率的な店舗運営が可能になるはずです。しかし、効率よりも郷土の活性化にウエートを置くというのが、ワールド・ワンの店づくりのコンセプトです。肩ひじの張った高級な店というスタンスではなく、一人でも多くのお客さまに利用してもらえる居酒屋感覚で、日本料理のすばらしさ、ふるさとのよさも満喫していただく。これが生産地と生産者を元気にするための安定した需要をつくり出す原動力になると確信しているか

広い「青森ねぶたワールド」の個室

らです」

生産地と消費地を直結させて、生産者にもお客さまにもそのメリットを十二分に享受してもらえる環境を整えていこうとしているワールド・ワンのポリシーを、羽場は以上のように説明する。

これもまだ道半ばで、双方にとってさらに大きなメリットを生み出すためのテーマにもチャレンジしようとしている。

日本のよき文化を伝承していきたい

都会では、バレンタイン、ホワイトデー、ハロウィン、クリスマスといった日が近づいてくると、にわかにあわただしくなってくる。一か月以上前から、繁華街や量販店、商店街には派手なポスターやイルミネーションが飾られ、マスコミもこうした情報を先取りして盛んにあおり立てる。

これに比べると、日本の四季の移り変わりが肌で感じとれる伝統的な年中行事は、歳月とともに影が薄くなっていくようである。

最近はお正月の門松、しめなわなどを住宅街で見かけることはほとんどなくなってしまった。少子化が影響しているのかもしれないが、節分、ひな祭り、端午の節句、七夕、盆踊り、七五三など、かつては子どもたちが心待ちにしていた特別な日も、それほど騒がれることもなく、見た目にも静かに一日が暮れていく。

多少うがった見方をすると、日本の年中行事は売上にあまり貢献してくれないと判断した大手企業は、バレンタインやクリスマスに向けた新商品開発への取り組みには熱心だが、マスコミも含めて、日本の伝統的な文化については、積極的には目を向けようとしない。

都市部では食だけではなく、文化の面でも確実に欧米化が進行しているようである。だが、農業、漁業の盛んな地方へ行けば、そうした日本の文化がしっかりと伝承されていることに気づかされる。

たとえば、夏や秋の祭りのシーズンになると、揃いのハッピを着た子どもたちが小さな神輿《みこし》を担いで町中を練り歩いていたり、露店が並ぶ神社の境内からお囃子《はやし》の音が聞こえてきたりする。

地方で、こうした祭りが、いまもおこなわれるのは、豊作や大漁への祈願がこめら

店内のねぶたは本物同様につくられている。ねぶた師・竹浪比呂央氏

れてのことだが、祭りがその土地の収穫物や特産品と密接な関係があることも少なくない。そして、子どもたちの思い出づくりにも一役買っているようだ。

このような郷土の文化、ひいては日本の伝統や文化もしっかりと伝承していく必要があるとワールド・ワンは考えている。

まずは、どのような伝統的な行事があるのかをリサーチするところから手をつけ、その行事がなぜつくられたのかを正確に理解する。そして、ワールド・ワンが持っている媒体を使って情報としてお客さまへも発信していく。

すぐに大きな反応があるとは思えないが、地道に続けていけば、必ず成果があがってくるに違いない。

「温故知新」という論語のなかの有名な一節がある。何百年も前から、日本人が心のよりどころとして、守り続けてきたよき伝統や文化を、私たちの世代で断ち切ってしまうのは、あまりにも残念でならないからである。

若手社員、この会社だからできること②

本気で闘う選択をしている会社です。私も会社の可能性を広げるように仕事の種を蒔いていきたい。

2010年 新卒入社
佐々木美樹

地域とのつながりが強固で、いろいろなことに挑戦できる会社。将来は日本全国の都道府県に出店したい。

2017年 新卒入社
冨山貴史

新店舗の立ち上げに地方や県まで協力してくれる。知事や国会議員まで来るから、気合いが入ります！

2018年 新卒入社
大林楓谷

新店が続々と増え高知の魅力が伝わるスピード感がすごい。会社と郷土とお客さまを結ぶ橋になりたい！

2017年 新卒入社
島 隆章

外国人観光客向けの店舗を構想中。皆が素で働く会社のよさを活かしながら、夢はワールドワイド！

2013年 新卒入社
香川奈央

楽しみつつ挑戦する人が多く自分に足りないものに気づける会社。人から羨望される会社にしたい。

2018年 新卒入社
森田望奈未

「あれもダメ、これもダメ」といわれないのが最大の魅力。希望通りデザイナーとして修業中です！

2017年 新卒入社
黒田美葵

入社前はネガティブ思考でしたが、同期と思いを共有して前向きに。いまは立ち向かう姿勢でいます。

2018年 新卒入社
青山浩平

Things born
from person-to-person contact

リアルということにこだわった店舗の活用法

モノを消費するだけでは飽き足りない消費者を満足させる

モノを大事にする日本人の特性もあるのか、いまの日本は情報もモノもあふれかえっている。そんな理由も手伝って、「断捨離」という言葉が普通に使われるようになった。日本人がモノをためこんでしまう原因は、日本人の国民性にあると指摘する識者もいる。

いわく、欧米には「見せる文化」が根づいているのに対して、日本は「隠す文化」が定着しており、この結果が、モノを捨てられない原因になったのだという。たとえば、伝統的な日本の家屋は高い塀をつくって外から見えなくしてしまうが、欧米の住宅は開放的で、必要なときだけカーテンなどで仕切る。

ベッドと布団の違いもある。昼間は押し入れにしまいこみ、見えなくする布団とは対照的に、ベッドは隠さずにインテリアの一つにしてしまう。

部屋ごとに広めの収納スペースがあった日本では、捨てるよりも、しまいこむのが当たり前になり、家のなかがモノであふれてしまうという結果を招くようだ。

日本経済が成長期に突入した頃は、モノが豊富にあるとはいえなかったが、「隣がテレビを買ったので、うちでも買おう」と、人々は争ってモノを買い求めた。しかし、最近はそんな理由でモノを買う人はおそらくいないだろう。逆に、周りのみんなが持ちはじめると熱が冷めてしまい、購入するのをためらう人のほうが圧倒的多数派であろう。

二十一世紀に入って、日本人の消費に対する考え方は大きく変化した。外食産業も例外ではなく、安くて、美味しいだけでは集客できなくなるといわれる。

たとえば、仕事帰りに駅や自宅の近くにあるコンビニに寄って、弁当と缶ビール、スナック菓子などを購入すれば、自宅で料理をつくらなくても、鍋やフライパン、包丁がなくても電子レンジが一台あれば不自由を感じることはない。スーパーやコンビニのイートインコーナーを利用すれば、飲食店へ足を運ぶよりもはるかに安あがりですませることができる。

消費者に、わざわざ店まで足を運んでもらえるだけの動機づけができない飲食店はやがて淘汰されてしまう。すでにそんな時代になっている。

消費を促すための動機づけ

飲食店の場合、消費者にわざわざ足を運んでもらうための動機づけとは、どのようなイメージでとらえればよいのだろう。

安くて、美味しいというのは動機づけ以前の最低条件。これをクリアしたうえで、ほかの店にはない希少性の高いメニューがある。食材の新鮮さ、珍しさなどグレードが高く、話題性もある。独特な調理方法で家庭や素人には真似ができない。

内装、インテリアなどに店づくりのコンセプトが伝わってくるだけのこだわりがある。夜景が美しいとか、店内の空間演出に意外性があるなど、非日常性が十分に感じとれる。

最初のデートで飲食をしたとか、映画やライブを観た感動の余韻が残ったまま店を利用したというようなストーリー、印象深い思い出とオーバーラップしている。

もちろん、以上のすべてを満たさなければならないというわけではない。すでにワールド・ワンがクリアしているポイントもいくつかある。

要するに、動機づけのキーワードになるのは、希少性、話題性、意外性、非日常性などで、こうした付加価値がどれだけプラスできるか。このあたりが勝負の分かれ目となる。

別のいい方をすると、同じような価格帯の同業他店をライバル視するのではなく、ワンランクあるいはツーランク上の他店と競い合っていくぐらいの取り組みをしなければ、空席ばかりが目立つ店になっていくのは必定だ。

かなり辛口な表現になったが、これぐらいの危機感を持たなければ、飲食店は生き残りをかけた、し烈を極める競争を勝ち残っていけない時代になっている。

店が変わることで顧客満足度を高める

日本各地で老舗のジャズ喫茶が次々と復活して話題を集めている。

若い人はご存じないと思われるが、ジャズ喫茶は一九六〇年代から七〇年代にかけて一世を風靡した。それから約半世紀が経過したが、その間に諸事情によって、店を閉じてしまったジャズ喫茶も少なくなかった。

いまでは大型の家電ショップでも絶対に見ることのない大きなスピーカー、店の壁を覆い隠してしまうほどのラックに収納された何千枚ものLPレコードなど、閉店前と変わらない姿で復活を遂げたようだ。

「一部のマニアのノスタルジー」と片づけてしまうのは早計すぎる。復活を知った当時二十歳前後の若者だった世代が、飛行機や新幹線、在来線を乗り継いで、あるいは車で何時間もかけて復活した店へ駆けつける。

一方で、「車に関心がない」、「車を購入するつもりはない」という若者がじわじわと増え続けている。二十歳代以下の半数以上の若者が、自分に車は必要ないと考えているようだ。

日本の大手メーカーが、「大量生産から多品種少量生産へ」と、生産システムの大幅な見直しをはかってから二十年あまりが経過した。最近ではこの多品種少量という言葉さえも色あせて聞こえるほどで、いまの消費動向をひとことで言い当てるような言葉は見つからない。

「消費者ニーズの先取りという言葉がありますが、実際には不可能だと思います。ニーズの先取りという言葉に惑わされて、消費のボリュームゾーンを探しあてたとしても、飲食業では半年とは持たないでしょう。それぐらいお客さまの変化のスピードのほうが速いのです。

たしかに、各店ごとに人気メニュー、ロングセラー、ベストセラーになっている料理もあります。しかし、こうした料理にこだわりすぎると、お客さまはすぐに飽きられます。ワールド・ワンがお客さまに提供する料理には季節や旬があるのですが、この旬のローテーションをしっかり守ってというのも通用しなくなるでしょう。

店によって常連のお客さまの割合が高い店と、一見のお客さまの多い店があります。常連客の多い店と、そうでない店とでは運営方法を変える必要があります。常連のお客さまが多い店ほど、短いサイクルで新しいメニューを追加したり、店のレイアウト、照明、調度品なども少しずつ変えていくなど、店が変わっていく。反対に一見のお客さまの多い店では定番メニューを増やし、これを店の名物としてアピールする。つまり、店の条件に応じて対応方法に変化を持たせなければ、お客さまの満足度を高めることはできません」

と河野は店の積極性の重要性を強調する。

極論すると一人ひとり違っているお客さまのニーズに対して、店が変わっていくとともに、選択肢を増やして、お客さまが選べる店づくりを進めていくことで、ワールド・ワンはお客さまの満足度を高めていこうとしている。

集客のための工夫が満載

お客さまの満足度を高めるということは、ひいては生産地クオリティを高めることにつながり、それこそが6次産業化を目指すワールド・ワンの使命でもある。そして、その最前線が「店」である。

1.店内ではさまざまなイベントが開かれている（バラ焼きイベント） 2.ホッキ貝イベント 3.ワインイベント

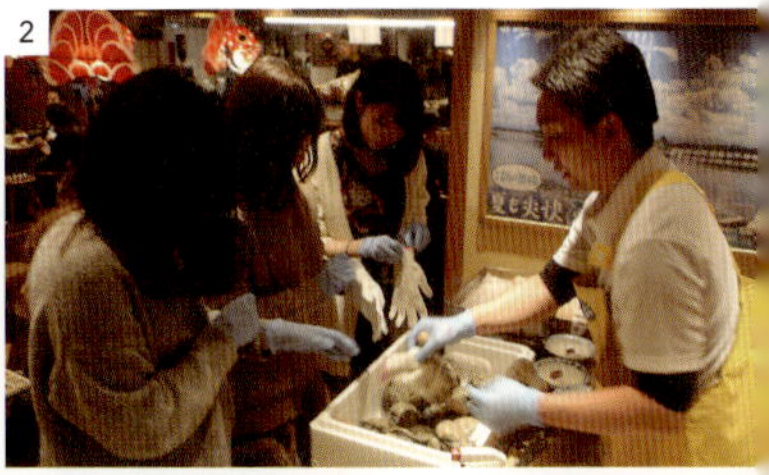

ワールド・ワンは、今後、6次産業化を強力に推進していこうとすると、店の集客力こそが生命線となる。

なぜなら、お客さまが増えることで、需要を拡大していけば、1次産業、2次産業に従事する人たちが元気になり、ワールド・ワンとのパートナーとしての関係がさらに深まっていくからだ。

そのための一つの取り組みが一店あたりの席数を多くすることであり、旬の料理のローテーションを考えたり、料金を比較的リーズナブルに設定していることだ。これらは集客力をアップさせるのが目的である。

これ以外にも、生産者ツアーで発掘した新しい食材の入荷が決まると、その入荷量に応じて、いくつかの既存店でフェアを開催して、お客さまの来店を促す。ほぼ毎日、ワールド・ワンの複数の店ではイベントを開催している。

たとえば、土佐清水ワールドの新店舗がオープンすると、他の土佐清水ワールド各店で記念イベントを実施する。また、オープン何周年記念イベント、日替わりイベント、あるいは期間限定でタイムイベントを実施している店もある。

イベント内容も、ドリンクや一部の料理の割引をはじめ、期間限定で普段はメニューにない特別料理を用意する。郷土の名産品を詰め合わせたお楽しみ袋を数量限定で販売する。また、特定の食材を使った料理や郷土のお菓子、全店共通の割引券などが当たるくじ引き会を開催するなど実に多彩だ。

このように、集客力アップのためにさまざまな工夫をおこなう。

もう一つ、二〇一八年十二月末現在、ワールド・ワンは神戸に十八の店舗を展開している。このうち十四店は三宮駅、四店は三宮駅から七〇〇～八〇〇メートル離れた元町駅から歩いて数分以内のところに立地している。

どこかの店が満席で、何組かの空席待ちのお客さまがあれば、近くの類似店へ案内したり、食材がなくなれば、余裕のある店から届けてもらう。あるいは、忙しくて人手が足りなくなれば、互いに融通し合うこともある。
あまり目立たないが、こうした店同士の協力体制も集客アップに一役買っている。

How to create
a store policy and concept

お客さまに愛される店でなくては郷土への貢献はできない

明るい雰囲気のなかでお客さまと元気を共有

料理というのは調理した人によって、旨いまずいがあるし、見た目も違う。なぜこうなるのかといえば、つくり手のセンスと調理のタイミングに違いがあるからだ。

見た目がよくて、しかも美味しい料理をつくろうと思えば、手間暇をかけるところと、手早くやるところのポイントがわかっているかどうか。また、火加減をこまめに調節したり、どの時点でどの調味料をどれぐらい入れるのか。火を止めるのはいつなのかのタイミングの見極めがつくかどうか。

このタイミングのツボを身につければ、美味しい料理をつくることができる。すなわち、料理に対するセンスの有無と調理のポイント、ポイントでのタイミング。料理の出来不出来を決めるのは、大きくこの二つである。

料理に旨いまずいがあるように、料理店や飲食店にも当たり外れがある。当たり外れの基準には個人差があるかもしれないが、一般論でいえば、鮮度のいい安全な食材を使い、料理の味がよくて、価格も良心的で、店の雰囲気もいい——。

これだけの条件がそろえば、当たりの店だといってもいいだろう。しかし、ワールド・ワンはこれだけでは満足していない。料理をつくるのにセンスとタイミングの見極めが必要なように、店にはポリシーとコンセプトが不可欠だと考えるからだ。

ワールド・ワンが掲げるポリシーというのは、ここまで繰り返し取りあげてきた「郷土活性化への貢献」である。

生産地と生産者にもっと元気になってもらう。店はそのために存在しており、あらゆる手立てをこうじて、この実現を目指そうとしている。

コンセプトについては、来店されたお客さまと元気を共有できる店にするということ。なぜなら、元気は明るさに通じるからで、元気あふれる明るい店づくりが、お客さまの満足度の高さにつながっていくと考えているからだ。

お客さまと元気を共有するために、ワールド・ワンの全店で毎日欠かさず実施している開店前のセレモニーがある。朝礼の最後に店のスタッフ全員で、「はい」を十回と、経営理念の唱和を腹の底から大声を出しておこなう。

そして、お客さまが来店されると、ホールスタッフだけではなく、奥の厨房からも、「いらっしゃいませ」という威勢のいい声が、広い店内に響きわたる。

「この店に来ると、いつも元気がもらえる」と、お客さまにも好評だが、「普通に学生生活を送っていると大きな声を出す機会は、まずありません。でも週に三回、ワールド・ワンでバイトをしているときは違います。スタッフ全員で声をそろえて唱和すると、元気のエネルギーが充電されて、表情も生き生きとして元気になれますね」と、アルバイトの女子ホールスタッフの間でも評判がいい。

郷土にも、お客さまにも元気になってもらうためには、店と店のスタッフが元気になる。これがワールド・ワンの店づくりのコンセプトである。

店全体を郷土のショールームに

遠路はるばる沖縄、土佐清水、山陰・隠岐の島、青森、熊本まで足を運ばなくても、関西や東京で、こうした郷土の飛びっきり新鮮な食材を使った料理を味わうことができる。

これに加えて、店の前に立ったときから、あるいは、店内に一歩足を踏み入れた瞬間から、お客さまにふるさとへ帰ってきたような気分、雰囲気を少しでも味わってもらおうと、ワールド・ワンの各店には、いろんな演出が施されている。

店の外観から見ていくと、沖縄料理の二店の前に立つと、いかにも沖縄にありそうな風情の建物だと感じられる外装になっている。

青森ねぶた小屋・三宮本店の場合は、店の二階の外壁にひときわ目を引く巨大なねぶたが描かれ、お客さまを出迎える。

土佐清水ワールド・三宮中央通店は、昭和の映画に出てくる芝居小屋をイメージさせる古民家風の一軒家で、繁華街のど真ん中にあるとは思えない、しっとりとした情

青森ねぶた小屋の雰囲気をそのままに（三宮本店）

緒を漂わせている。同じく土佐清水ワールド大阪・お初天神店は、レトロとモダンが交錯し、にぎわいがあるのに落ち着きも感じられるため、しっかりと存在感を主張する店構えになっている。

さらに、いずれの店にも共通するのが、店内に一歩足を踏み入れると、神戸、東京、大阪にいるとは思えないような郷土色豊かな演出がほどこされていることだ。

なかでも圧巻なのが、青森ねぶた小屋・三宮本店で、店内全体がねぶた祭りのねぶたをつくる「ねぶた小屋」をイメージさせる独特なつくりになっている。

また、青森ねぶたワールド・三宮本店と東京・新橋店の二店も、ねぶたの世界観が店内いっぱいに広がっており、こうしたユニークな空間も一見の価値がある。この三宮本店には、青森の美しい景色を壁紙に使った個室も設けられているなど、ふるさと気分を満喫できる店づくりが特徴になっている。

土佐清水ワールドの七店は、それぞれに個性を主張する店づくりになっている。なかでも圧巻なのが三宮生けすセンターで、店の中央には巨大な透明の生けすが設けられており、ここには火曜と金曜の週二回、土佐清水の漁港に水揚げされ、生きたまま運ばれてきた清水さばをはじめ、旬の魚が泳いでいる姿を観賞することもできる。

大阪・お初天神店には土佐清水にもある「竜宮神社」という神社を祀り、天井から鯉のぼりに似たさばなどの照明を兼ねた魚がつるされているなど、遊び心も感じとれる店づくりだ。

南国・土佐清水にふさわしく、店内は照明も明るく、陽気な雰囲気を醸し出している店が多い。足摺岬をはじめ、竜串海岸《たつくしかいがん》、金剛福寺《こんごうふくじ》、白山洞門《はくさんどうもん》といった土佐清水の観光スポットを写真パネルにして壁いっぱいに展示している店もある。

山陰・隠岐の島ワールド・生田新道店には、島根県・岩見地方の伝統芸能「岩見神楽《かぐら》」で使われる面が飾られている。神楽というのは神事の際に神に奉納される演劇のことで、神話や古事記、日本書紀の物語などが題材になっている。

単に、郷土の新鮮な食材を使った料理だけではなく、地域の地酒、焼酎の銘柄の豊富さにも自信を持っている。ほかにも、土佐清水ワールド全店で使っている米は、すべて「あしずり黒潮米」という土佐清水市内で収穫されたブランド米だ。

これらは、ワールド・ワンが店づくりで表現しようとしている個性のほんの一部でしかない。実際に店を訪れてみると、いろんな発見があるに違いない。

このようにワールド・ワンの店は、さながら郷土のショールームといった感がある。今後も、こうした機能をより充実させ、生産地、生産者が発信しようとしている情報を、消費地、消費者にわかりやすくアレンジして、より正確に伝えていこうとしている。

岩見神楽の面

「郷土活性化組合」による、きめ細やかな物流体制の構築

生産地、生産者が発信しようとしている情報を消費地、消費者に正確に伝えるには、何といっても、常日頃からのコミュニケーションが不可欠となる。

ネット時代の現在は、距離的には遠く離れていたとしても、電話やメールを使えば簡単に情報のやりとりができる。しかし、生産地や生産者とワールド・ワンとのより強い絆、信頼関係を育んでいこうと思えば、電話、メールだけでは不十分だ。

そこで、ワールド・ワンでは沖縄と土佐清水の二か所に「郷土活性化組合」のオフィスを設け、スタッフを駐在させてきた。現地での人間関係と信頼関係の構築をはじめ、食材調達のためにセリに参加したり、物流面での管理などを担当している。

また、新しい食材の発掘にも意欲的に取り組んでおり、沖縄のスタッフは沖縄本島内だけではなく、周辺の島々へも足をのばす。土佐清水のスタッフも、幡多地区全域を担当しており、生産地や生産者からの情報収集も熱心におこなっている。

ワールド・ワンにとって郷土活性化組合は、文字どおり郷土活性化を強力に推進し

ていくための現地の拠点となっている。

こうした全国各地域にある産地の開拓、食材、メニュー提案、店舗運営のノウハウなどが評価され、二〇一三年に公益財団法人 神戸市産業振興財団から「ドリームキャッチプロジェクト・ビジネスプラン」の認定を受けている。

現在の拠点は二か所だが、今後は新店舗の出店数とバランスをとりながら、全国各地へ拠点を拡大していく予定で、この拡大がワールド・ワン成長のバロメータの役割を果たすことになる。

よりシステマチックになる生産地との役割分担

さらに、ワールド・ワンが郷土活性化組合のオフィスを設ける大きな理由がもう一つある。

前に、一五年五月に土佐清水市とワールド・ワンとの間で、また一八年六月には、鳥取県・岩美町、山陰合同銀行、そしてワールド・ワンとの三者の間で連携協定を結んだことを紹介した。

このほかにも、一七年四月には青森県と、同年の十月には高知県・幡多地域の六市町村、一九年三月に熊本県とも連携協定を締結している。

ここでの連携協定というのは、地域産業の活性化を促進していく目的で、自治体と企業（ワールド・ワン）などが互いに協力し合うことを確認して、契約を交わすこと。

もう少し具体的にいえば、生産地の事情を熟知している自治体と、消費地の事情に精通したワールド・ワンがタッグを組むことで、生産者や事業者を元気にする。この結果、自治体にも、企業にも、生産者や事業者にもメリットが生まれると同時に、地域の課題も解決していくという取り組みが連携協定である。

つまり、かつて河野やワールド・ワンが沖縄をはじめ、地方行脚で経験した生産者や事業者との直接交渉、あるいは食材の発掘といった困難な手順を踏まなくても、生産地の自治体と連携協定を結ぶことによって、必要な情報が簡単に得られるようになるほか、店舗のコンセプトづくりや店全体のデザイン、メニューづくりについても生産地側のアドバイスを受けられるようになるなど、ワールド・ワンにとってのメリットは非常に大きい。

前述した、各店の外装や内装、店内のさまざまな演出、メニューづくりも生産地の自治体、商工団体や、生産者などの強力なサポートがあって実現している。

反対に、ワールド・ワンは連携協定を結んだ自治体に対して消費地の動向や嗜好の変化といった情報をリアルタイムで伝えることで、対応策を立てやすくする。また、コストをかけずに、消費地にショールーム化されたパイロットショップ機能を持てるなどのメリットが生まれる。

こうしたギブ・アンド・テイクの精神で連携し、役割分担を明確にすることで、それまで困難だと思われていた、いくつものハードルをクリアすることに成功している。だが、この役割分担で、もっとも成果をあげているのが販促活動だ。

地域振興、地方の活性化が叫ばれるようになって、かなりの歳月が経過したが、目立った成果はあまりあがっていない。そうしたなかで、生産地の自治体と連携して、消費地で多店舗化を進めている飲食店が、次々と新店舗をオープンしているという情報はメディアもニュースとして取りあげやすい。

そこで、自治体は地元のメディアに対して、ワールド・ワンは主として関西全域をカバーしているメディアに対して情報を発信する。

さらに、両者が運営しているサイト、広報誌、情報誌などの各種定期刊行物などでも取りあげることで、互いのＰＲ活動に相乗効果が生まれている。

このような生産地の自治体などと強い協力関係にある「地域連携型飲食店」というのが、ワールド・ワンの店の特徴で、一般的な郷土料理店との大きな違いがここにある。

すでに連携協定を結んでいる自治体、商工団体などとのさらなる関係強化、そして、新たな連携協定を締結していくうえで、今後新設していくオフィスを含めて、郷土活性化組合の役割はますます重要になっていく。

Real and virtual,
build a new strategy

リアルとバーチャルの両輪で
ビジネスモデルを強化

二〇一九年の春、大変身を遂げるワールド・ワン

ワールド・ワンにとって、店がリアルな郷土のショールームであるのに対して、バーチャルな郷土のショールームの機能を担っているのが通販サイト「プラス郷土」である。

店を媒介に生産者や生産地と消費地のお客さまをつなぐことが重要だとはいえ、もっと身近で手軽にバーチャルなやり取りが求められるなかで、これを無視することはできない。そこでワールド・ワンはより多くのお客さまと生産地をつなぐ新しいミッショ

ンを立ち上げようとしている。それが「プラス郷土」の拡充、強化だ。

これまで「プラス郷土」で扱っていた商品は、厳選されたものばかりではあったが、扱い点数が限られ、ユーザーの注目度も高いとはいえなかった。

というのも、従来は店でお客さまに提供する鮮度が命の食材をメインに生産者、事業者との関係を構築してきた。だが、これらは通販向けの商品としては不向きなのである。

いくら冷凍、冷蔵技術が向上し、物流システムが進化したといっても、いったんワールド・ワンに新鮮な食材を集めて、注文があれば発送するというスタイルでは、冷凍、冷蔵設備の完備した物流センターが必要になるなど、相応のコストがかかるため、これが消費者の負担となる。

だからといって、発送業務を地方の規模の小さな生産者や事業者の手にゆだねることもできないため、時期尚早だと考えていたからだ。

今後は、発想を転換して地元以外には知られていない魅力的な郷土の特産品、加工食品の発掘に力を注ぎ、近い将来には「プラス郷土」を独立して運営できるだけの組織に育てあげるという方針を掲げ、二〇一九年四月から本格的な取り組みをスタートさせる。
「一七年、一八年は、ワールド・ワンのこれからの命運を握る東京、大阪での新店舗、大型店舗のオープンが相次いだため、こちらに目を向けざるを得ませんでした。一九年はリアルとバーチャルのコラボレーションをテーマに、通販サイトの拡充に本腰を入れていきます。

具体的には、連携協定を結んでいる自治体はもちろん、これまでに人的なネットワークを構築してきた自治体、商工団体、地方の金融機関などの協力も得るほか、生産者ツアーの枠を通販向けの商品の発掘にも拡大し、商品点数にボリューム感を持たせるところから着手します。こうした情報を各店舗や会員情

「プラス郷土」のマガジン（左）とプラス郷土のサイト

報誌『ワールド・ワンプレス』でも告知・PRしていきます。また、将来的には、新たに通販カタログを制作するという方針も固まっています。これによってワールド・ワンのビジネスフィールドがさらに広がり、郷土や生産者も元気にすることができます」と羽場は目を輝かせる。

巨大なマーケットに果敢にチャレンジ

既存の通販サイトで扱っている商品のほとんどが大量生産されたモノで、利用する消費者も「どのサイトの商品が安いのか」といった価格の比較ばかりに目を奪われがちになっているようだ。

当然のことながら、ワールド・ワンはこのような路線を歩むつもりはない。

日本のふるさとである郷土には、私たちが知らないモノが山のようにある。たとえば、特定の地域だけに伝わる昔ながらの玩具、民芸品、日用雑貨品レベルでも珍しいモノ、価値のあるモノが、まだまだ眠っている。

すなわち、食材や加工食品だけに限定せず、こうした伝統に培われた本物のよさを、ワールド・ワンのバイヤーが、その確かな選択眼で調達、プラス郷土を通じて、全国の消費者に紹介していく。

商品のアイテム数が少なければ消費者の目にとまりにくいが、「ワールド・ワンに頼めば間違いないと思ってもらえるようにしていきたいですね」とプラス郷土事業部長の明里恵美里が話すように郷土に特化したさまざまな商品でサイト全体を構成していけば注目度も高まり、生産者や事業者にとっては、商品だけではなく、郷土を広くアピールする絶好のチャンスとなるに違いない。

ワールド・ワンが掲げる「6次産業プラットフォーム」というビジネスモデルは、関西や東京で展開する地域連携型飲食店だけにとどまらず、プラス郷土で第二のステージの扉を開くことになる。

「調査データによって若干の差はありますが、わが国の通販の市場規模は、すでに八兆円を超え、近く十兆円を突破すると予測されています。この数字が示しているように、通販業者がひしめき合っているわけですが、いまのところ全国各地の郷土だけに特化して、商品構成をおこなっている通販サイト、通販業者は見当たりません。

もちろん、一朝一夕にできるとは考えていませんし、前へ進めながらクリアしていかなければならない大きなテーマも残っています。これまでワールド・ワンはそうした困難を社内外の仲間と力を合わせて乗り越えてきた経験があります。今回のケースは社内の若いスタッフ、とりわけ女性スタッフにはサイトの商品構成、新商品の開拓や開発、サイトの運営や管理方法などについて、自ら名乗りをあげて積極的にプランづくりに参加してほしいですね」と、羽場の口調には一段と熱が帯びてくる。

ちなみに、通販の市場規模八兆円というのは、パナソニックの年間売上高にほぼ匹敵する金額である。

ワールド・ワンの新しい価値を生み出すためのチャレンジは、これだけにはとどまらない。

若手社員の斬新な企画力で可能性と夢を広げる

もう一つ、生産者と消費者をつないでいくための試みとして、二〇一九年の春から新たな取り組みをスタートさせている。

わかりやすいイメージとしては一種の共同購入のようなもので、まず、購入希望者を募ったうえで、各地の生産者がつくった酒類なら樽単位で、あるいは、りんごならりんごの木一本単位で買い取り、その生産物、収穫物を購入の希望者へ分配していくというもの。これによって、購入希望者は生産に参加しているという意識が持て、同時に自分たちのためにつくられた生産物を手にすることができるシステムになっている。

ワールド・ワンは、こうした情報を発信して、消費者の参加を促していく一方で、農家、消費者の保証人の役割も務める。要するに、ビジネスとして取り組むというよりは、郷土活性化への貢献というミッション実現のための活動の一環である。

こうした情報発信も、店舗、会員情報誌『ワールド・ワン プレス』、そしてサイトを通じておこなっていく。

「わが子の情操教育の一つとして、親子で農業体験がしてみたい」とか、「定年後は田舎に移住して、畑仕事をして晴耕雨読のゆったりとした生活をしたいが、農業の基本的なことを知りたい」といった人も増えている。

このようなニーズに応えるために、ワールド・ワンは「農業体験ツアー」を定期的に実施していく方針を掲げた。これもワールド・ワンが取引契約を結んでいる農家とタイアップして、日帰りあるいは一泊二日程度の日程で、体験ツアーを実施するほか、生産地を訪れて生産者と親交を深めたり、伝統的な文化にふれ、観光も楽しめるツアーの回数も増やしていくなど、新しい企画が目白押しである。

「これからわが社に入社してくる仲間、特に新卒社員にはこうした企画会議にどんどん参加してほしいと思っています。これまでの見方を少し変える、やり方を少し見直すだけでも、ビジネスチャンスが大きく広がる。あるいは、アイデアや工夫次第で新しい事業につながるネタが、社内にはまだまだ眠っています」

と話す羽場の言葉に呼応して、河野は次のように語る。

「一緒に働くメンバーの一人ひとりが、仕事に追われて夢も語れないような会社には絶対したくありません。夢を語り、夢にチャレンジするメンバーの背中を会社とメンバー全員で後押しをする。私は、背中にドロップキックを浴びせるぐらいの気持ちで夢を語るメンバーを応援していきます」

ちなみに、ワールド・ワンの社内では、夢を語るメンバーに対して「現実はそんなに甘くない」という言葉は禁句になっている。

社内のメンバーのバーチャルな世界をリアルな世界に近づけていくことで、会社をさらに強く、大きく成長させていきたいと考えている。

「郷土活性化」に向けての新たな決意

明治維新は、わが国が近代国家として生まれ変わるための象徴的な出来事であった。

その明治維新から百五十年が経過した。

薩摩藩（鹿児島県）の西郷隆盛と並んで、土佐藩（高知県）の坂本龍馬、長州藩（山口県）の高杉晋作が明治維新の立役者で、この三人のうち一人でも欠けていたら、明治維新はどんな結末を迎えていたのかわからなかったとさえいわれている。

三人の出身地である薩摩、長州、土佐は九州、本州、四国の端っこに位置し、徳川幕府の置かれていた江戸から最も遠いところにあった。明治維新は、いわば辺境の地から火の手があがった。

ワールド・ワンは沖縄を皮切りに高知、山陰、青森、熊本で、郷土活性化に向けての狼煙《のろし》をあげた。当面の目標は、郷土から日本を見つめ直し、埋もれかけようとしている日本の郷土のすばらしさを表舞台に立たせて、スポットライトを当てること。

ワールド・ワンの挑戦ははじまったばかりだ

何もかもを一度にはできないが、全国各地で着実にパートナーである仲間が増えつつあり、マイペースでならできそうだという手ごたえを実感している。

「郷土活性化」という遠大なミッションを掲げたものの、当初は貢献よりも仲間たちから助けてもらうことばかりが目立った。

その恩返しをするのはこれからだ。郷土の活性化をワールド・ワンのペースで着実に形あるものにしていく。この決意に揺らぎはない。

前述した明治維新推進の立役者の一人である高杉晋作は、次のような辞世の句を残している。

「おもしろき　こともなき世を　おもしろく」

ワールド・ワンは、「明るく・熱く・おもしろく」夢に向かって邁進しようとしている。

Our Mission of
The World One

郷土活性化、豊かな食文化を育むために

関わるすべての人が心の底から楽しめる空間をつくる。

岡井友満
株式会社ワールド・ワン　取締役開発本部長

社長が熱く将来の夢を語るのを聞き、それをともに達成したいと思えたことが私の道を決めました。

いまは仕事を通して夢を仲間と共有し、ともに実現させることにこのうえない魅力を感じています。働く人々、郷土の方々、取引先、お客さま、すべての皆さまが心の底から楽しめる空間をつくりあげることが当面の目標です。

一人でも多くのお客さまに郷土の美味しさ、魅力を伝えたい。

松波知宏
株式会社ワールド・ワン 取締役マーケティング本部長

入社の動機は、地域の夢を共有し、ともにその夢の実現に向かっていけることに魅力を感じたこと。そして、夢はさまざまな地域の生産者さまが抱く夢や理想を一つでも多く実現すること。一人でも多くのお客さまに各郷土の食材や文化を認知していただく。そのためにお客さまが求めているものを深く考え、それを生産者さまと共有しながらファンを増やしていきたい。

混じりっけのない“本物”で人と人との絆を深められる会社を。

羽場洋介
株式会社ワールド・ワン　取締役管理本部長

「食」は人の基本であり、豊かな食生活は豊かな人を育むために欠かせません。豊かな食生活とは、混じりっけのない本物の食材を食べること、生産者の思いがこもった食材を食べること、家族や仲間と食卓を囲んで絆を深めるということです。私は豊かな食生活を提供することで、ワールド・ワンを人と人の絆を深めることのできる会社にしたいと思っています。

地域ごとの真の価値や魅力を伝える勇気と自信を応援したい。

竹田 真
株式会社郷土活性化組合　取締役

全国の各地域には、それぞれ育んできた豊かな食材や食文化、そこにしかない風土などがあります。しかし、多くの地域はそのすばらしい価値や魅力をうまく活かし切れていません。大事なのは伝えるための勇気と自信。私はワールド・ワンの「6次産業プラットフォーム」を通じて地域の皆さまに勇気と自信を持っていただきたいと考えています。

店舗は人が集まる宝島、他業界にも貪欲に学んでレベルアップさせたい。

鄭 直矢
株式会社ワールド・ワン　取締役流通本部長

飲食店は人が集まる場所で、アンテナ店舗としてプラットホームと捉えると、それに関わる雑誌、EC、人材紹介、旅行、不動産、投資などの情報をお客さまに発信できる土壌になる。店舗ビジネスのインフラ整備（顧客情報管理やマーケティングなど）は、まだまだで、他業界のよいところを取り入れていけば、業界全体のレベルアップも可能になります。

Passion of The World One / 郷土活性化、豊かな食文化を育むために

Declaration of determination

「あとがき」にかえて
「明るく、熱く、おもしろく」
夢の実現のために

真っ白なキャンバスに絵を描いていくように、いつも夢を描き続けていたい——。

ワールド・ワンの歴史はここからスタートしている。
最初の頃は小さな作品だったが、徐々に大きな作品が描けるようになってきた。そのきっかけは、沖縄の海や空、そして、味だった。その第一歩が沖縄料理「金魚」になり、「土佐清水ワールド」「山陰・隠岐の島ワールド」「青森ねぶたワールド」「熊本火の国ワールド」と広がり、地元兵庫はもとより、北は北海道、南は沖縄とその地域は全国へと広がっている。これらはそれぞれが独立した作品ではあるが、ジグソーパズルのように一つひとつの作品をつなぎ合わせていくと、やがてそれが巨大な作品となる。

その巨大な作品の具体的なイメージが「6次産業プラットフォーム」、すなわち、ワールド・ワンのビジネスモデルである。

夢を夢で終わらせないために――。

それにはできるところからアクションを起こすこと。あせらず、一筆一筆ていねいに着実に、しかも、より大きな作品が描けるよう、社内はもとよりそれぞれの郷土の生産者の方々と仲間として一緒に力を合わせてきた。

一つの作品が完成に近づくと、次の新しい作品づくりに取りかかる。ワールド・ワンがいつも夢を描き続けることができる原点がここにある。

描きはじめた作品を完成に近づけていくのは、一朝一夕にできることではない。いくつも高いハードルを越えなければならないし、ときには失敗することもある。だが、こうした失敗も得難い貴重な経験の一つなのだ。この経験を将来に活かすことができれば、大きな財産となるはずだ。

ワールド・ワンは昨日の失敗に落ち込んでいるよりも、明日への夢を描くことの方がはるかに大切だと考え、常にこれを実践してきた。

夢をかなえるためにアクションを起こす——。

言葉でいうのは簡単だが、そのための第一歩を踏み出せるかどうか。すべてはここにかかっている。何もアクションを起こさず、待っているだけでは、いつまでたってもチャンスは絶対に巡ってこない。

あまり躊躇することなく、第一歩を踏み出せるようになるには、いろんな経験や体験が必要になる。人生経験、社会経験、成功体験、失敗体験……などなど。個人にとっても、組織や会社にとっても、これらの経験や体験に何一つ無駄はないはずである。

これまで、ワールド・ワンは熱く燃えたぎるような情熱を持って活動してきた。自分たちのふるさとをもっともっと元気にしたいと頑張っている生産者をはじめ、郷土の活性化のために尽力している多くの人たちとの出会いがあり、強い絆が生まれている。

ワールド・ワンは、こうした仲間たちと「明るく、熱く、おもしろく」心底燃える
ような熱い夢を描きたいと思っている。

ワールド・ワン「十郷土」推進委員会

Passion of
The World One

Store Introduction

店舗案内

土佐清水ワールド

土佐清水の皆さまとの出会いから構想3年、関わった人たちすべての思いが結実したのが「土佐清水ワールド」です。高知県土佐清水市といえば、かつおの藁焼き発祥の地。市内には高速道路も巨大リゾート施設もなく、南国の太陽と豊かな緑、沖を流れる黒潮が県下有数の漁業基地を育んできました。かつおの藁焼きだけでなく、清水さばや四万十鶏など、各市町村には自慢の食材が豊富です。「土佐清水ワールド」は土佐清水市と連携協定を結び、食材や特産品が毎日届く体制を確立しました。店頭には連日珍しい物産品が並びます。現在では7店舗を展開しており、日常のお買い物だけでなく、グルメな方々にも楽しんでいただける品揃えを常にご用意すべく日々奮闘しています。

各店舗ともに高知の地酒や香り豊かな宗田節を使った出汁巻き卵、そば、ひつまぶしなども楽しめます。神戸市の三宮生けすセンター店では元気に泳ぐ清水さばをご覧になれます。

土佐清水ワールド 雲井通本店
078-271-1034
〒651-0096　神戸市中央区
雲井通5-3-1
2015年6月オープン

土佐清水ワールド 三宮磯上通店
078-230-8877
〒651-0086　兵庫県神戸市中央区
磯上通7-1-19 プログレスKOBE 6F
2015年9月リニューアルオープン

土佐清水ワールド 三宮生けすセンター
078-321-1034
〒650-0012　兵庫県神戸市中央区
北長狭通1-2-11
2016年7月オープン

土佐清水ワールド 三宮中央通店
078-332-1034
〒650-0021　兵庫県神戸市
中央区三宮町2-6-6
2017年7月オープン

土佐清水ワールド 上野店
03-5830-1034
〒110-0005　東京都台東区
上野7-2-4 FUNDES上野 201号
2017年7月オープン

土佐清水ワールド 新橋店
03-3501-1034
〒105-0004　東京都港区
新橋2-12-8 GEMS新橋 2F
2018年9月オープン

土佐清水ワールド 梅田お初天神店
06-6312-1034
〒530-0057　大阪府大阪市北区
曽根崎2-8-7 コーストスタジョーネビル1階
2018年11月オープン

「バル」とはスペインなど南ヨーロッパに見られる喫茶店や居酒屋などのこと。幡多バルでは幡多地方の土佐清水市・大月町・黒潮町・四万十市・宿毛市・三原村と連携し、四国最南端の食材を土佐の伝統調理方法でアレンジ、スペイン料理としてご提供しています。新鮮な野菜とともに本格的な藁焼きが楽しめます。食材は新鮮なかつお、清水さば、宿毛ぶり、四万十鶏などのほか、土佐清水ワールドとは一味違ったメニューもご用意。名物「藁焼きたたき」だけでなく、希少な「土佐まぐろハラボ」や土佐和牛などもおすすめしたい一品です。さらにお飲み物も「香るエール」や「マスターズドリーム」などの生ビールを常時6種類ご用意しているだけでなく、バルの本場スペイン産の赤・白・泡のワインを豊富にラインナップしています。

TOSASHIMIZU WORLD
HATA BAR
高知県6市町村 連携協定店
土佐清水ワールド
幡多バル 藁
土佐清水市/大月町/黒潮町
四万十市/宿毛市/三原村
WARAYAKI

幡多バル 三宮元町店
078-392-1034
〒650-0021 兵庫県神戸市中央区
三宮町3-2-2
2017年3月オープン

幡多バル 西新宿店
03-3360-1034
〒160-0023 東京都新宿区
西新宿7-15-17
2017年9月オープン

幡多バル 高知本店
088-873-1034
〒780-0841 高知県高知市
帯屋町1-14-20
2017年10月オープン

山陰地方を元気にする活性化店舗、それがアンテナショップ居酒屋「山陰・隠岐の島ワールド」です。山陰地方といえば、いわずと知れた美食の宝庫。境港・海士・浜田・賀露の4つの港で水揚げされた魚介類をはじめ、豊かな中国山地を背景に育まれた農産物・畜産物などの食材をご提供しています。どれも味わい深く多くのリピーターを生み出す逸品ですが、特に浜田港から直送される「のどぐろ」はその幻といわれる希少な味わいが人気を集めています。ほかにも紅ズワイガニの姿蒸しやあんかけチャーハン、白いかなど、他では味わえないメニューが目白押し。「大山鶏」「ケンボロー豚」「隠岐の島牛」などの銘柄肉や川の幸、地野菜メニューも豊富です。さらに地酒の品揃えも出色で、常時約30種類を揃えています。

山陰・隠岐の島ワールド
山陰地方連携活性化店

山陰・隠岐の島ワールド 雲井通本店
078-855-3378
〒651-0096 兵庫県神戸市中央区
雲井通5-3-1
2016年3月オープン

山陰・隠岐の島ワールド 生田新道店
078-321-2929
〒650-0011 兵庫県神戸市中央区
下山手通1-1-2 みそのビル5・6F
2017年7月リニューアルオープン

酒場なのに、店に入ると青森が誇る「ねぶた祭り」の世界が広がる。それが「青森ねぶたワールド」です。メインとなるのは青森の名産品と店内に飾られる「ねぶた」。青森県と連携協定を結んでいるので、新鮮な魚介やブランド食材が産地から毎日直送されてきます。

生田新道店では十和田ガーリックポークなども堪能できる青森の味覚コースが人気。青森連携店ならではのディナーメニューや郷土活性化組合プロジェクトも実施しており、名産品が毎日届きます。ねぶた小屋三宮本店は、ねぶたを製作する「ねぶた小屋」をイメージした大衆酒場。青森産の特産品に加え、価格帯を抑えたメニューを揃えています。ランチでは青森のブランド米「まっしぐら」を使用し、青森をより身近に感じられるように小鉢2品も選べるようになっています。

祭
青森ねぶたワールド

青森ねぶたワールド 新橋店
03-6809-1777
〒105-0004　東京都港区新橋
3-13-4　eatus新橋2階
2018年2月オープン

青森ねぶたワールド 三宮生田新道店
078-392-8889
〒650-0012　神戸市中央区
北長狭通1-10-9 生田新道ビル4F
2017年4月リニューアルオープン

青森ねぶた小屋 三宮本店
078-221-8880
〒651-0095　兵庫県神戸市
中央区旭通5-322
2017年11月オープン

沖縄直送の新鮮食材を活かし、現地そのままの沖縄料理と琉球創作料理をご提供するのが「沖縄料理・金魚」です。入口から沖縄を感じさせる意匠が施されており、個室の中も沖縄の情緒がたっぷり。hanareは沖縄の店舗は古民家を模した心安らぐスペースになっています。

ゴーヤちゃんぷるや沖縄そばなど、沖縄料理といえばコレ！といった人気メニューも多数揃えています。コース料理は「黒豚とあぐー豚しゃぶしゃぶ食べ放題」などをご用意しているほか、ディナーではあぐー豚餃子、ラフテーとお餅のチーズ焼きなど独創的な料理でおもてなしをしています。もちろん両店舗とも宴会対応可能です。

沖縄料理 金魚 三宮本店
078-333-6678
〒650-0012　神戸市中央区
北長狭通1-7-5 ハクサンビルB1～1F
2002年2月オープン

沖縄料理 金魚 hanare
078-322-0828
〒650-0012　神戸市中央区
北長狭通1-6-5 アルプスビル7F
2005年7月リニューアルオープン

炭 旬鮮市場
からす

「炭旬鮮市場」と銘打った「からす」は、各地の郷土料理を楽しめるお店です。店舗は信州の温泉街をイメージした風情あふれる空間を実現しています。生産者とお客さまをつなぐ郷土活性化組合プロジェクトを実施しているので、郷土の味には自信あり。神戸牛・播州百日鶏・神戸近郊野菜など地元の名産品を味わっていただけます。ディナーの鶏串は創業七十余年の鶏肉専門店・島忠から仕入れた特選淡路鶏！

郷土料理だけでなく、漁場直送の魚介類の刺身や炭火焼きなど、全国各地のメニューが楽しめるのも「からす」の特徴。青森八戸産大トロしめさば、沖縄あぐー豚三段バラ炭焼き、高知産うつぼのたたきなど、飽きさせません。もちろん、宴会も対応可能で、2時間飲み放題付きのコースも多数ご用意しています。

炭旬鮮市場 からす
078-333-1113
〒650-0001　神戸市中央区加納町
4-3-5 シャトー北野坂ビル1F・B1
2003年8月オープン

神戸元町の立ち飲み居酒屋ニューワールドは、多くが常連さまという、リピーターを次々と生み出す人気店。安くて美味い「安ウマ」が売りの立ち飲み居酒屋とはいいながら、目玉商品「いくらぶっかけ軍艦」は贅沢の極み。イクラは店員が「よいしょ」とかけ声をかけながら盛大にぶっかけます。

立ち飲みであっても食べ物・飲み物に妥協はありません。地元の味はもちろんのこと、名物「沖縄ナポリタン」は昔懐かしいナポリタンに沖縄の風味をミックス。このほかにもまんぼうの湯引きやアピオスなど、さまざまな地方の珍しい食材が入荷しています。驚きや発見、おもしろくて美味しいメニューが揃っています。

ニューワールド 元町店
078-332-1223
〒650-0022　神戸市中央区元町通
1-8-14
2013年11月オープン

1人焼肉も楽しめるお店、それが特選焼肉酒場・脂屋肉八です。とはいえ、ただのお一人さま対応店舗ではありません。1階はテレビや数々の雑誌で取り上げられた、お昼も夜もガッツリ食べられる「ガツ飯系定食」が定番のカウンター席。そして2階は神戸大安亭市場の老舗「山倉精肉店」こだわりのお肉を揃えた焼肉センター「焼肉酒場」となっています。

焼肉を楽しむときは、テーブルにコンロを置いて、見るからに美味しそうな肉を焼き上げるスタイルで。ランチは、定食のほかにもカツやお肉がてんこ盛りの「ファイティングソースカツ丼」「肉八秘伝のブッチャー丼」などをご用意。ディナーには黒毛和牛の牛タンや上ロースなどをリーズナブルな値段でご提供するだけでなく、2時間飲み放題付き焼肉コースも楽しめます。ドリンクにはこだわりのエビス生ビールがおすすめ。

大衆肉酒場 脂屋肉八

特選焼肉酒場 脂屋肉八
078-261-0298
〒651-0095　神戸市中央区
旭通5-3-14
2010年12月オープン

「三宮揚げもん酒場・芋男爵」は、店名の通り〝揚げもん〟がメインのお店。名物は男爵ポテトフライと秘伝のスパイス。しかし、ここで前言撤回、実は芋男爵は〝揚げもんメイン〟であって〝揚げもん専門〟ではなく、むしろ揚げもん以外の料理が多いのです。メニューには神戸牛・播州百日鶏・博多明太もつなど、贅を尽くした絶品を取り揃えています。

お店は家族連れも楽しめる空間で、ディナーメニューではまぐろ・サーモンアボカドサラダや芋男爵秘伝の地鶏鍋なども楽しめます。芋男爵の缶バッヂを持ってる人はポテトフライ増量など、イベントもりだくさんのお店です。

なお、店舗は「ご縁結びのいくたさん」こと生田神社からすぐ南の交差点にあるので、すぐに覚えられますよ。

三宮揚げもん酒場 芋男爵
078-332-9494
〒650-0011　神戸市中央区
下山手通1-1-2 みそのビル4F
2011年9月リニューアルオープン

「三宮高架下酒場・茶々」は種類が豊富な地酒をお手軽価格で提供するお店。「昼飲み」も可能なご機嫌の空間です。もちろんそれだけではなく、全国から集めた新鮮な魚もセールスポイント。土佐清水、長崎壱岐などから直送された魚の新鮮なお造りは激安価格を実現しており、常に15種類以上の鮮魚をご用意しています。ほかにもカニクリームコロッケや天ぷら盛り合わせといったスタンダードメニューはもとより、江木の赤天、土佐のじゃこ天など、ちょっと個性的な料理もお選びいただけます。

飲みものは高級銘柄が安く飲める場合もあり、地酒がおすすめ。しかし、ハイボールの種類の多さにも目を見張るものがあります。実に30種類を超えるハイボールは、一度や二度来店しただけではとても味わいきれないラインナップです。

居酒屋 茶々

三宮高架下酒場 茶々
078-391-1012
〒650-0012　神戸市中央区
北長狭通1-31-12
2008年3月オープン

全国の漁場から集まる鮮魚がとにかく美味しい、そして安い！と三宮のサラリーマンに大好評なのが「郷土大衆居酒屋・金八」です。1階にはテーブル席とカウンター、2階には個室にも対応できる掘りごたつで最大90名まで収容可能な大宴会場をご用意。75名様以上でのご予約で2階の完全貸し切りも可能です。飲み放題は個室座敷に冷蔵庫が完備されており、お客さまが自由にお酒を取り出せるスタイルになっています。

メニューは漁港直送&明石の昼網で獲れた旬の新鮮魚介からB級グルメまで取り揃え、リーズナブルにご提供。ディナーは舟盛り金八丸に代表される豊富なお造りのほか、ホルモン焼きうどんや牛すじ煮込みの肉豆腐など、お酒は各地の地酒を中心に、梅酒・果実酒なども。お仕事帰りの一杯、会社仲間とのワイワイ宴会など、幅広くご利用いただけます。

郷土大衆居酒屋
金八《きんぱち》

郷土大衆居酒屋 金八
078-271-8868
〒650-0096　神戸市中央区
雲井通5-3-1 サンパル1F
2009年11月オープン

季節限定の絶品メニューが楽しめるのが「かき小屋超世界」です。季節ごとにメニューが限定される代わりに、産地直送・鮮度抜群の海産物が味わえるのが最大の強み。冬場であれば地元兵庫の「赤穂のかき」がおすすめです。しかも「超世界」では、各テーブル上のコンロを使いお客さまご自身で焼いていただく浜焼き形式を採用。もちろんシーズン以外でもかきフライ、かきの味噌汁、蒸しかきなどのメニューも豊富。ほかにも産直の帆立やさざえなどが楽しめます。

コース料理はかき食べ放題8品コース、1品コースなどをラインナップ。いずれも2時間飲み放題付きで、ビール、ウイスキー、サワー、ワイン、焼酎などからお好きな飲み物が選べます。

かき小屋 超世界
Chō World

かき小屋 超世界
078-325-3383
〒650-0022　神戸市中央区
元町通1-8-14 2F
2014年2月オープン

ワールド・ワンの歩み

1996年	6月	大阪市中央区に有限会社ケーワン・クリエイト設立（資本金300万円）
2002年	2月	本社を神戸市中央区元町通3-17-8TOWAこうベア元町ビルに移転
	2月	『modern食堂 金魚本店』オープン
	9月	『琉球料理とあぐーの店 卑弥呼』オープン
2003年	3月	本社を神戸市中央区中山手通2-3-18メープル中山手ビルに移転
		有限会社から株式会社に組織変更するとともに社名をワールド・ワンに変更
		資本金を2800万円に増資
	4月	資本金を4500万円に増資
	8月	『炭旬鮮市場 からす』オープン
2004年	6月	『BAR Delphinus』オープン
2005年	3月	『炭焼きと逸品料理 串からす』オープン
	7月	『金魚hanare』オープン
2007年	2月	『沖縄市場食堂　琉金』オープン
2008年	3月	株式会社金魚ワールド設立　資本金800万円（ワールド・ワン100%出資）
		大衆居酒屋『茶々』オープン
	4月	『琉球料理　金魚すさび』オープン
	11月	『琉球料理　金魚すさびKiKi京橋店』オープン
2009年	7月	沖縄県那覇市の商社「琉風ホールディングス（株）」を子会社化し、社名を琉風（株）とする。
	11月	『郷土大衆居酒屋 金八』オープン
	12月	資本金を5300万円に増資
		琉球島豚専門通販サイト『あぐー屋』オープン
2010年	1月	沖縄食材・泡盛・物産店の『沖縄直送市場 琉風』オープン
	11月	資本金を6300万円に増資（引受先：SB・A外食育成投資事業有限責任組合）
	12月	和牛居酒屋『脂屋 肉八』オープン
2011年	7月	デルフィナス『沖縄バル デルフィナス』にリニューアルオープン
	9月	『炭焼きと逸品料理 串からす』を『三宮揚げもん市場 芋男爵』にリニューアル
2012年	2月	『沖縄鉄板バルミートチョッパー』オープン
2013年	3月	『郷土活性化組合ニューワールド本店』オープン
	11月	『郷土活性化組合ニューワールド元町店』オープン
2014年	2月	『浜焼きBBQ超世界』オープン
		『名物肉そば麺屋肉八』オープン
2015年	2月	『名物肉そば麺屋肉八』2シーズン勝抜きにより計画通り勇退
	5月	高知県土佐清水市と連携協定締結
	6月	『土佐清水ワールド』1号店オープン
	9月	『金魚すさび三宮店』を『土佐清水ワールド磯上通店』にリニューアル
	11月	『琉球料理とあぐーの店　卑弥呼』を『神戸郷土酒場 金八』にリニューアル
2016年	3月	『山陰・隠岐の島ワールド雲井通店』オープン
	7月	『土佐清水ワールド』3号店　生けすセンターオープン
	11月	子会社の（株）金魚ワールド、琉風（株）を吸収合併
2017年	2月	幡多6市町村と連携協定締結
	3月	『幡多バル』オープン
	4月	青森県と連携協定締結
		『青森ねぶたワールド』オープン
	7月	『神戸郷土酒場 金八』を『山陰・隠岐の島ワールド生田新道店』にリニューアルオープン
		『土佐清水ワールド』4号店　三宮中央通店オープン
		『土佐清水ワールド』5号店　東京上野店オープン
	9月	『幡多バル』西新宿店オープン
	10月	『幡多バル』高知本店オープン
	11月	『青森ねぶた小屋』オープン
2018年	6月	鳥取県岩美町山陰合同銀行と連携協定締結
	9月	『土佐清水ワールド』6号店東京新橋店オープン
		資本金を3億6700万円に増資（資本準備金含む）
	11月	『土佐清水ワールド』7号店梅田お初天神店オープン
	12月	『青森ねぶたワールド』2号店東京新橋店オープン
2019年	3月	『熊本火の国ワールド』オープン

ワールド・ワン「+郷土」推進委員会

「+郷土」とは、地域の未来のために、生産者、行政、消費者、従業員……郷土にかかわるすべての人々で構成される郷土のコミュニティを創りたいという思いから誕生したワールド・ワン・グループが展開する新たなブランドのこと。
そして、「+郷土」推進委員会とは、そんな熱い思いを持つ社内外のメンバーが集まったプロジェクトチームである。メンバーは入社間もない新人から取締役、また社外からも専門家、行政の担当者、郷土の生産者までと幅広く、組織の枠にとらわれず活動を展開。地域活性化のためのワールド・ワンの取り組み方などを社内で話し合い、研究している。また、ワールド・ワンが提供するアンテナショップ、Webサイト、マガジンなどを通じて情報を発信中。

ワールド・ワンの情熱

2019年4月15日　初版第1刷発行

編著者　ワールド・ワン「+郷土」推進委員会
発行者　佐々木紀行
発行所　株式会社カナリアコミュニケーションズ
〒141-0031
東京都品川区西五反田6-2-7　ウエストサイド五反田ビル3F
TEL 03-5436-9701　FAX 03-3491-9699
http://www.canaria-book.com/

印刷／製本　株式会社クリード

ブックデザイン　吹田ちひろ(Dot & Line)
DTP　宇津徹郎
編集協力　スキル／叶舎LLC.

ISBN978-4-7782-0452-5　C0034

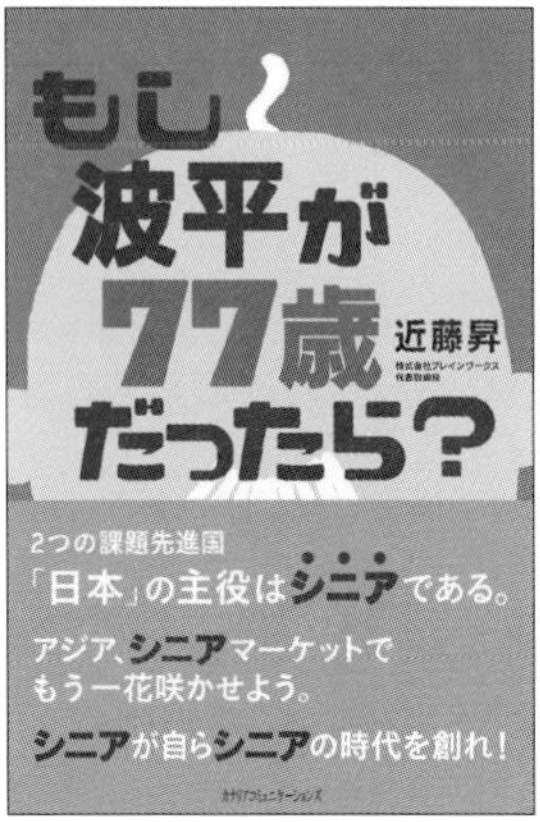

もし波平が77歳だったら？

近藤 昇 著

2つの課題先進国「日本」の主役はシニアである。
アジア、シニアマーケットでもう一花咲かせよう。
シニアが自らシニアの時代を創れ!

2016年1月15日発刊
1400円（税別）
ISBN978-4-7782-0318-4

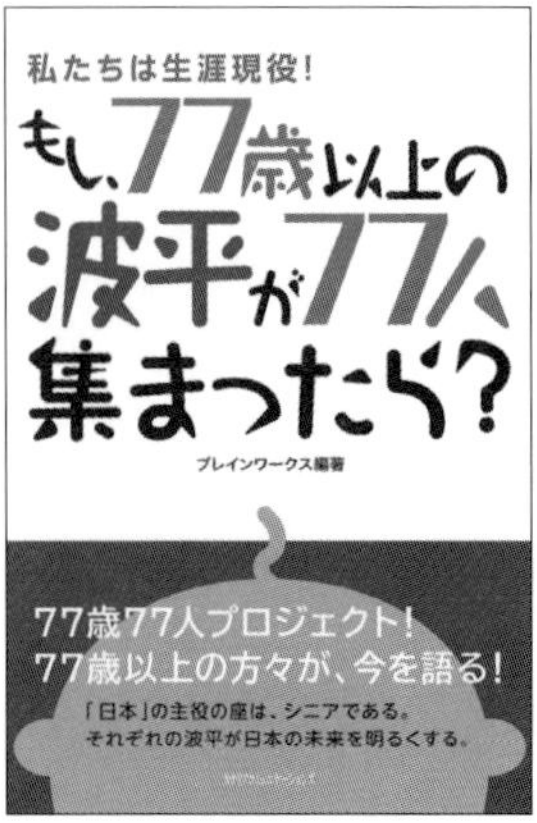

もし、77歳以上の波平が77人集まったら？

ブレインワークス　編著

シニアが元気になれば、日本はもっと元気になる！
現役で、事業、起業、ボランティア、ＮＰＯなど
各業界で活躍されている
77歳以上の現役シニアをご紹介！
77人のそれぞれの波平が日本の未来を明るくします。

2017年2月20日発刊
1300円（税別）
ISBN978-4-7782-0377-1

もし、フネさんが 70人集まったら？

ブレインワークス　編著

激動の時代をくぐり抜け、
戦後の日本を支えてきた70人のフネさんたち。
70通りの人生模様は、
愛と涙と笑いのエネルギーが盛りだくさん！。
生涯現役で「感謝」の気持ちを胸に抱き、
これからも元気をみんなに届けてくれる。

2018年2月10日発刊
1300円（税別）
ISBN978-4-7782-0414-3

食べることは生きること

大瀬 由布子 著

江戸時代から続く日本の伝統食、
発酵食品を食生活に取り入れて
糀のパワーで元気に健康に暮らそう！！
ごはん、納豆、味噌汁、旬の野菜を毎日の食卓に。

2018年5月30日発刊
1400円（税別）
ISBN978-4-7782-0434-1

カナリアコミュニケーションズの書籍のご案内

「暮らしの物語」

「暮らしの物語」編集委員会　編著

明治から今日までの一世紀半。
女性たちは暮らしに根ざした生活文化を支え、
知恵や技を脈々と受け継いできた。
家庭のありようも変容し、
地域の伝統や風習の多くも途絶えた。
何を残し、何を伝えていけばいいのか——。

2018年7月31日発刊
1300円（税別）
ISBN978-4-7782-0436-5

シニアよ、
インターネットでつながろう！

牧　壮著

シニアの私が伝えたいのは、IoS（Internet of Seniors）。
ITは怖くありません。
シニアライフを楽しくするツールです。
インターネットを活用して
シニアライフを満喫しましょう！

2018年12月10日
1300円（税別）
ISBN978-4-7782-0444-0